Mit Liebe zum Detail

Mit Liebe zum Detail

Stilvolle Dekorationsideen für Haus und Wohnung

❈❈

Henrietta Spencer-Churchill

GERSTENBERG VERLAG

✢✤✤

WIDMUNG
Für meine Söhne David und Maximilian, die mit so viel
Begeisterung bei meiner Arbeit und bei jedem neuen Buch-
projekt dabei sind und mir immer wieder Mut machen.

Für meine Mutter Susan Gough, von der ich gelernt
habe, Liebe zum Detail zu entwickeln, und die mich stets
von neuem anregt.

Für meinen Vater „Sunny" John George Vanderbilt Henry
Spencer-Churchill, den 11. Herzog von Marlborough, der
mich die Schönheit unserer Tradition schätzen gelehrt und mir
beigebracht hat, wie ich sie für meine Arbeit nutzen kann.

Die Deutsche Bibliothek – CIP-Einheitsaufnahme

Mit Liebe zum Detail: Stilvolle Dekorationsideen für Haus
und Wohnung / Henrietta Spencer-Churchill. [Aus dem Engl.
übers. von Manfred Allié und Gabriele Kempf-Allié.] –
2. Aufl. – Hildesheim: Gerstenberg, 1997
Einheitssacht.: Classic decorative details <dt.>
ISBN 3-8067-2892-5
NE: Spencer-Churchill, Henrietta; Allié, Manfred [Übers.]; EST

Aus dem Englischen übersetzt von Manfred Allié und
Gabriele Kempf-Allié

Die Originalausgabe erschien unter dem Titel *Classic Decorative Details* 1994 bei Anaya Publishers Limited, London.

Satz: Gerstenberg Druck GmbH, Hildesheim
Printed in Singapore
ISBN 3-8067-2892-5

DANKSAGUNG

Mein Dank gilt allen Mitarbeiterinnen und Mitarbeitern von Anaya, die an der Entstehung dieses, meines zweiten Buchs in diesem Verlag, beteiligt waren. Vor allem möchte ich Carey Smith danken, die so viel Arbeit in die Fertigstellung gesteckt hat.

Außerdem danke ich meiner Lektorin Alexandra Parsons für die großartige redaktionelle Bearbeitung des Manuskripts.

Dank auch an Bill Batten für den wunderschönen Umschlag, an Andreas von Einsiedel für die eigens für dieses Buch aufgenommenen Fotos, an Pippa Lewis für die hervorragende Bildauswahl und an Nigel Partridge für die hochwertige Ausstattung und das gelungene Layout.

INHALT

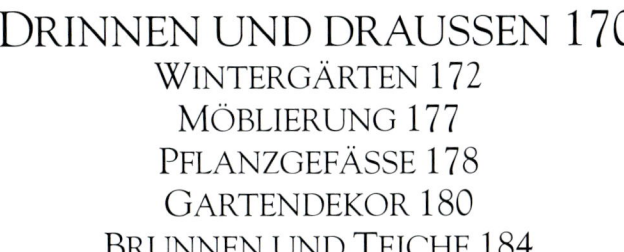

VORWORT

Wir sind alle Individuen – jeder hat seinen eigenen Lebensstil, seinen eigenen Geschmack und Farbensinn –, und deshalb sehen auch unsere Wohnungen verschieden aus. Ein Haus sollte stets den Stil und die Persönlichkeit seiner Bewohner ausdrücken. Durch die Wahl der Ausstattungsstücke, der Bilder und Kunstgegenstände, mit denen man sich umgibt, läßt sich ihm ein ganz persönliches Gepräge geben.

Als Innenarchitektin muß ich die Wünsche meiner Kunden erfassen und ihnen praktische Entscheidungshilfen geben. Zugleich versuche ich dafür zu sorgen, daß ihr individueller Stil im Gesamtkonzept der Einrichtung zum Ausdruck kommt, und ermuntere sie dazu, unter Berücksichtigung der Architektur des Hauses die Ausstattungsstücke selbst auszuwählen.

Manch einer wird vielleicht davor zurückschrecken, mit dem Aufbau einer Sammlung zu beginnen oder ein Gemälde zu kaufen, gerade als Anfänger, wenn man sich noch nicht festlegen möchte. Man sollte es dennoch wagen und die Entscheidung nicht anderen überlassen, denn nur so gewinnt man Selbstvertrauen. Steht das neuerworbene Stück erst einmal am auserwählten Platz und machen die erste Besucher Komplimente, wie schön es ist und was für ein günstiger Kauf es war, dann ist der Jagdeifer geweckt.

Sammlungen entstehen nicht über Nacht, und nur wenige Menschen haben das Glück, ein fertig eingerichtetes Zuhause zu erben. Außerdem besteht der Reiz des Sammelns zum Großteil in der „Jagd" und der damit verbundenen Herausforderung, ganz gleich ob man auf Flohmärkten und Auktionen oder in Antiquitätenläden kauft.

Wichtig ist der Mut zu den eigenen Vorlieben. Wenn man also etwas sieht, das einem gefällt, sollte man es auch kaufen, denn beim nächsten Besuch ist es vielleicht schon nicht mehr da. Und kommt man später zu dem Schluß, daß der Kauf doch ein Fehler war, dann ist überhaupt nichts dabei: Schließlich kann man das Stück jederzeit wieder verkaufen oder verschenken!

Gerade die Details der Einrichtung machen aus einem Haus ein Zuhause und verleihen der Persönlichkeit und dem Stil seiner Bewohnerinnen und Bewohner Ausdruck. Man sollte sich daher für die Auswahl dieser wichtigen Einrichtungselemente Zeit nehmen und die Suche danach nicht nur in seiner Heimatstadt, sondern auch auf Reisen genießen. Mitbringsel aus fernen Ländern bereichern nicht nur den Stil, sie sind auch bleibende Erinnerungen an eine Reise oder vielleicht an jemanden, den man dabei kennengelernt hat.

Dieses Buch soll Anregungen für den Aufbau und die stilvolle Präsentation von Sammlungen geben und zeigen, wie man Effekte erzielen kann, ohne sich in allzu große Unkosten stürzen zu müssen. Eine Sammlung von Körben kann ebenso dekorativ sein wie ein wertvolles Porzellanservice aus Sèvres – der Unterschied liegt nur im Stil. Und eine antike Anrichte mit modernem blau-weißem Geschirr kann genauso wirkungsvoll sein wie ein Geschirrschrank voller antiker Stücke. Niemand sollte sich also durch das Gefühl abschrecken lassen, er müsse unbedingt Antiquitäten kaufen: Schließlich werden auch die heutigen Gegenstände eines Tages für unsere Nachkommen Antiquitäten sein.

Henrietta Spencer-Churchill

BILDER
UND
SPIEGEL

EIN RAUM OHNE BILDER IST EIN RAUM OHNE LEBEN UND OHNE PERSÖNLICH-
KEIT. MIT BILDERN KANN MAN WIRKUNGSVOLL SEINEN INDIVIDUELLEN
GESCHMACK ZUM AUSDRUCK BRINGEN, SIE BELEBEN ÖDE WANDFLÄCHEN
UND VERLEIHEN EINEM WOHNRAUM CHARAKTER UND CHARME. DABEI
MÜSSEN SIE ÜBRIGENS GAR NICHT TEUER SEIN, DENN EINEN GROSSTEIL
IHRER WIRKUNG BEZIEHEN SIE AUS DEM PHANTASIEVOLLEN UMGANG MIT
RAHMEN SOWIE DER RICHTIGEN PLAZIERUNG UND BELEUCHTUNG.

LEBEN MIT BILDERN

Bilder und Gemälde geben der Einrichtung eines Zimmers den letzten Schliff, verleihen ihm Charakter, Leben und Wärme. Dabei reicht das Spektrum der Möglichkeiten von Plakaten und Drucken bis zu Aquarellen, Ölgemälden und Collagen, und innerhalb dieser Kategorien gibt es eine so große Themenvielfalt, daß jeder etwas ihm Gemäßes finden sollte.

Natürlich träumen wir alle von einem Original – von der üppigen Farbenpracht eines alten Meisters oder einem echten Impressionisten –, aber solchen Luxus können sich nur wenige leisten. Doch es gibt eine Reihe von erschwinglichen Alternativen. So findet man auf Flohmärkten oft hübsche Aquarelle und witzige Drucke, die sich mit Hilfe geschmackvoller Passepartouts und Rahmen effektvoll in Szene setzen lassen. Auktionshäuser sind wahre Fundgruben für Ölgemälde, und nicht selten entdeckt man bei Ausstellungen von Kunstakademien Arbeiten vielversprechender junger Künstler zu vertretbaren Preisen.

Bunt zusammengewürfelte Erbstücke lassen sich verkaufen, und mit dem Erlös kann man ein Bild erstehen, das einem wirklich gefällt. Und wenn man die Erbstücke mag, kann man ihnen mit neuen Passepartouts und Rahmen, die zur übrigen Einrichtung passen, zu neuem Glanz verhelfen.

OBEN In diesem Flur beherrscht ein Porträt aus dem 17. Jahrhundert ein formelles Arrangement mit vergoldeten Möbeln. Die Konsole wird flankiert von zwei Sesseln im französischen Stil. Der Gelbton der Wand unterstreicht die Wirkung des Goldes.

LINKS Wer Drucke effektvoll einsetzen will, braucht Fingerspitzengefühl bei der Wahl des Rahmens. Bei diesem Pferdebild greift das grüne Passepartout die Farbe der Wände und des Drucks auf. Der dünne Goldrand des Rahmens gibt ihm ein wenig Glanz und hebt ihn von der ausdrucksstarken Tapete ab. Kleine Drucke wie die beiden seitlich angebrachten Porträts wirken am besten auf großzügigen Passepartouts.

UNTEN *Die Wände in wolkig aufgetragenem Lindgrün sind ein perfekter Hintergrund für dieses zauberhafte Stilleben, und die kleinen Silberbecher mit frischen Wiesenblumen machen die Umgebung des Bildes noch reizvoller.*

UNTEN *Reinweiße Passepartouts und Mahagonirahmen vor einer dunklen Wand lenken das Auge auf diese zarten Drucke aus einem Musterbuch für Architekten.*

OBEN *Hier gibt eine markante Streifentapete den dramatischen Hintergrund für ein harmonisches Bildarrangement ab. Der Blickfang ist das dunkle Gemälde in der Mitte.*

Welche Bilder man auch bevorzugen mag, ob anspruchsvolle Abstrakte oder dekorative Drucke – man sollte in jedem Fall nur solche aufhängen, mit denen man sich auf Dauer wohl fühlt.

WANDGESTALTUNG

Damit Bilder zur Geltung kommen können, muß der Hintergrund stimmen. Eine auffällig gemusterte Tapete harmoniert vielleicht nicht mit den gewünschten Bildern, und eine ungeschickt gewählte Farbnuance kann die Wirkung vermindern. Das bedeutet nicht, daß alle Wände weiß gestrichen sein müssen wie in einer Kunstgalerie. Kräftige Unifarben eignen sich in der Regel ebensogut, klare Streifenmuster sind ein ausgezeichneter Hintergrund für großformatige Gemälde, und gerahmte Drucke machen sich gut auf Tapeten mit kleinen geometrischen Mustern.

OBEN *Die Flügel eines asiatischen Wandschirms werden hier von sogenannten „Company"-*
Bildern flankiert, die indische Künstler im Auftrag von Beamten der „East India Company",
also Mitgliedern der britischen Kolonialbürokratie, malten.

BLICKFÄNGE UND SAMMLUNGEN

Ein Blickfang ist ein Gegenstand, der beim Betreten eines Zimmers unweigerlich die Aufmerksamkeit auf sich zieht. Welcher Art von Bild man eine so dominierende Rolle zuweist, ist Geschmackssache, doch sollte es auf jeden Fall ein Bild sein, das Aufmerksamkeit verdient. Man kann ein wenig nachhelfen, indem man es mit einem interessanten Rahmen versieht und über einem imposanten Möbelstück plaziert. Es sollte von jedem Teil des Raums aus sichtbar und tagsüber wie abends gut beleuchtet sein.

THEMATISCH ORIENTIERTE SAMMLUNGEN

Anstelle eines einzelnen Bildes läßt sich auch eine Sammlung zum Blickfang machen. Letztere hat immer einen inneren Zusammenhalt. Das kann eine Technik oder auch ein Thema sein: eine Sammlung von Aquarellen zum Beispiel oder von Landschaftsdarstellungen, von illustrierten Exlibris oder naiven Bildern von Haustieren. Unabhängig von der Thematik ist eine gute Sammlung stets mehr als die Summe ihrer Einzelstücke, denn die Wirkung beruht zu einem erheblichen Teil auf dem Prinzip der Wiederholung. Die Bilder müssen nicht das gleiche Format haben, es kann Unterschiede in der Qualität geben, und man muß sie auch nicht unbedingt alle in der gleichen Art rahmen, denn eine Sammlung lebt von den feinen Unterschieden.

OBEN Eine hübsche Sammlung amerikanischer Volkskunst – Handschriften und Bilder von Pennsylvaniadeutschen mit einfachen Tulpen- und Vogelmotiven in den typischen Farben Gelb, Rot und Grün. Die Bilder sind wie geschaffen für die rustikalen Rahmen auf der schlichten weißgetünchten Wand.

LINKS Diese thematisch orientierte Sammlung von Drukken zeigt in verschiedenen Varianten immer wieder die gleiche Blume – Aurikeln – und schafft so in diesem Gästezimmer eine heimelige Atmosphäre. Die Sammlung wird ergänzt durch dreidimensionale Objekte: einen Holzvogel im geschnitzten Blätterkranz (links) und Teile von zwei Monstranzen (rechts).

OBJEKTSAMMLUNGEN

Nicht nur Bilder sind ein schöner Wandschmuck. Eine kunstvoll arrangierte Sammlung von Masken, dekorativen Kämmen, Strohhüten, getrockneten Blumen oder Muscheln kann in einem Zimmer eine interessante räumliche Wirkung erzielen und farbige und plastische Akzente setzen. Wirkung entfaltet eine Objektsammlung, genau wie eine Sammlung von Bildern, wenn die Einzelelemente ein harmonisches Ganzes bilden. Die Beziehung zwischen den einzelnen Gegenständen wird sich in den meisten Fällen

aus deren Funktion ergeben – alte Küchengeräte oder Bucheinbände beispielsweise –, und wie bei jeder Gruppierung gleichartiger Objekte sollten die Abstände gleichmäßig sein,

UNTEN *Eine eindrucksvolle Sammlung von Siegeln: Teils sind es echte Abdrücke in Siegellack, teils Gipsabgüsse, teils die Siegel selbst. Dieses an sich nüchterne Arrangement wird durch schöne Rahmen und Passepartouts aus alten Handschriften zum Leben erweckt.*

RECHTS *Drei kleine Gemälde in Rosétönen geben dieser dekorativen Sammlung rosafarbener und gläserner Gegenstände Zusammenhalt.*

UNTEN *Hier wurden Büsten berühmter Engländer des 19. Jahrhunderts symmetrisch auf einem Kaminsims und über dem Kamin plaziert. Unter anderem erkennt man den Schriftsteller Sir Walter Scott, den Herzog von Wellington und Königin Viktorias Prinzgemahl Albert.*

da Anordnung und Abstände entscheidend den Gesamteindruck bestimmen.

Nimmt man für eine Objektsammlung Gegenstände, die nur in Farbe, Struktur oder Motiven verwandt sind – Darstellungen von Hühnern zum Beispiel, von der Postkarte bis zu Pastetenformen und Emailschildern –, dann ist auf ein ausgewogenes Verhältnis von großen und kleinen Objekten ebenso zu achten wie auf die Farben, die miteinander harmonieren müssen. Außerdem sollte die Anordnung des Ganzen Stil und Witz haben.

Kleine Gegenstände kommen am besten in einem stoffbezogenen Setzkasten oder einer flachen Vitrine zur Geltung, die man wie ein Gemälde an die Wand hängen und mit einem Spot beleuchten kann.

KINDERZEICHNUNGEN

Irgendwann zwischen dem Kindergarten, wo sie lernen, mit Pinsel und Farbe umzugehen, und dem Wechsel zu weiterführenden Schulen, wo ihnen die Spontaneität oftmals buchstäblich aberzogen wird, gibt es ein Alter, in dem Kinder völlig unbefangen malen, was ihnen in den Sinn kommt. Versorgt man Kinder dieses Alters mit einem Farbkasten und einem Packen Papier, dann kann es sehr leicht passieren, daß bei einer Stunde glückseliger Kleckserei ein oder zwei zauberhafte naive Originale herauskommen, die sich besonders schön in breiten Kiefernholzrahmen machen. Am besten schneidet man den Kindern von vornherein ein Papier in einem Format zu, das in Rahmen paßt, die man bereits hat und bisher nicht nutzen konnte.

BELEUCHTUNG

Angenehme Beleuchtung taucht ein Bild in warmes Licht und bringt es dadurch erst richtig zur Geltung. Es ist nicht ratsam, sich dabei auf das Haupt-Deckenlicht zu verlassen. Eine gute Bildbeleuchtung wirft keine Schatten, ist frei von störenden Lichtreflexen bei verglasten Bildern und blendet den Betrachter nicht.

DIREKTES LICHT

Grundsätzlich gibt es zwei Möglichkeiten: Man kann Bilder entweder direkt oder indirekt beleuchten. Eine direkte Beleuchtung, bei der das Licht speziell auf ein Bild gerichtet wird, verlangt sorgfältige Vorplanung, da eventuell Leitun-

gen und Installationen unter Putz verlegt werden müssen. Die wohl wirkungsvollste Art der direkten Beleuchtung sind individuelle Bildleuchten, die besonders zu Ölgemälden passen. Ich ziehe solche vor, die sich am Bilderrahmen befestigen lassen und das Bild von oben her anleuchten, und zwar aus mattem Messing, das meines Erachtens besser zu antiken vergoldeten oder geschnitzten Rahmen paßt als hochglänzendes Metall.

UNTEN *Die Bildleuchte taucht den siegreichen hl. Georg in ein überirdisches Licht und bringt so die Bronzetöne des Gemäldes besonders gut zur Geltung.*

Die Größe der Leuchte muß auf das Gemälde abgestimmt sein, sonst fällt das Licht im falschen Winkel darauf und wirft Schatten. Bildleuchten lassen sich auch unterhalb von Gemälden anbringen, so daß das Licht von unten kommt, was insbesondere bei modernen Kunstwerken sehr wirkungsvoll sein kann.

Fest an der Wand montierte Bildleuchten bieten wenig Variationsmöglichkeiten und lenken, wenn sie zu stark verziert sind, leicht vom Bild selbst ab.

Heutzutage gibt es ausgezeichnete Deckenspots, die entweder an Lichtschienen befestigt oder versenkt in die Decke eingebaut werden. Sie lassen sich exakt auf die Wand richten, und man kann den Lichtkegel in Form und Größe genau auf das jeweilige Bild oder die Bildgruppe abstimmen.

OBEN *Hier dienen zwei Kerzenleuchter zur indirekten Beleuchtung eines romantischen Gemäldes aus dem 19. Jahrhundert. Heute sind die Kerzen durch Glühbirnen ersetzt, doch die Wirkung ist nach wie vor angenehm sanft.*

INDIREKTES LICHT

Auch Tisch-, Steh- und Leselampen sowie Deckenfluter können zur Beleuchtung von Bildern dienen. Da indirektes Licht aus solchen Quellen immer von anderen Oberflächen reflektiert wird, erzeugt es ein weniger steuerbares, dafür aber weicheres Licht, das zwar Schatten werfen kann, doch mit etwas Glück keine harten. Indirekte Beleuchtung eignet sich für verglaste Bilder, auf denen sich direktes Licht spiegeln würde.

AUFHÄNGUNG

Wie man Bilder aufhängt, hängt vom persönlichen Geschmack und vom Bildmotiv ab. Während manche einer Gruppe von Bildern den Vorzug geben, lassen andere lieber Gemälde für sich allein stehen. Bedeutende Bilder wirken zweifellos besser, wenn sie einzeln, mit viel Platz und guter Beleuchtung an einer bevorzugten Stelle des Raums plaziert sind.

POSITION UND HÖHE

Beim Aufhängen von Bildern wollen praktische und ästhetische Gesichtspunkte bedacht sein. Ölgemälde gehören nicht unmittelbar über Heizkörper oder in einen Raum, in

OBEN *Diese handkolorierten Drucke britischer Königinnen und Könige wirken durch die präzise Anordnung wie ein einziges Bild mit wiederkehrendem Motiv.*

OBEN *Eine umfangreiche Sammlung von Zeichnungen in einem geschwungenen Treppenaufgang. Die Formate sind unterschiedlich, doch alle haben Holzrahmen und neutrale Passepartouts.*

LINKS *Ein ganzes Regiment britischer Heroen aus dem 17. Jahrhundert in identischen schwarzen Holzrahmen*

dem die Temperatur stark schwankt, denn Trockenheit und Temperaturunterschiede lassen die Leinwand austrocknen, so daß Risse in der Farbschicht entstehen. Aquarelle und Drucke verblassen im Sonnenlicht, auch hinter schützendem Glas. In feuchter Umgebung – etwa in Badezimmern und Küchen – schlägt sich Kondenswasser hinter dem Rahmen nieder und verursacht Stockflecken.

Ich finde es äußerst irritierend, wenn Bilder nicht genau in der Mitte über einem Möbelstück hängen. Es geht mir nicht unbedingt um Symmetrie, aber ich meine, daß Bilder und Bildgruppen in der Mitte einer Wand oder zwischen zwei Türen plaziert werden sollten, weil dies sozusagen einen Rahmen für den Rahmen schafft. Bilder sollten auch nicht zu hoch hängen; ideal ist die Augenhöhe des (stehenden) Betrachters. In Treppenhäusern sollten sie dem Anstieg der Treppe folgen, so daß die Augenhöhe konstant bleibt.

BILDGRUPPEN

Im Fall von Bildgruppen kann man natürlich Bilder übereinander plazieren und Ölgemälde, Aquarelle und Drucke aus verschiedenen Epochen mit unterschiedlichen Formaten und Rahmen miteinander kombinieren. Auch hier gibt der persönliche Geschmack den Ausschlag, aber allzu krasse Gegensätze sollte man meiden und nicht um jeden Preis versuchen, ein modernes Bild im glänzenden Aluminium-

LINKS *In meinem Wohnzimmer gruppieren sich zwei Kupferstiche in Punktiermanier (18. Jahrhundert), zwei kolorierte Vogeldarstellungen in Mezzotinto-Technik und zwei moderne Porträts in einem langgestreckten Oval um eine wunderschöne Kaltnadelradierung von Paul Hellu.*

UNTEN *In dieser rustikal eingerichteten Küche hängen Farbillustrationen (19. Jahrhundert) aus einem Handbuch über Muster und Ornamente exakt in einer Reihe.*

rahmen in eine Gruppe mit Goldrahmen und antiken Wandteppichen zu integrieren.

Es gibt keine feste Regel, ob großformatige Bilder über oder unter kleinformatigen plaziert werden sollten. Das Gruppieren von Bildern richtet sich nach Größe und Form der Bilder, den Abmessungen der Wand und der Möblierung des Zimmers. Bildgruppen müssen nicht symmetrisch sein, aber sie sollten eine gewisse Ausgewogenheit besitzen, bei der entweder die horizontalen oder die vertikalen Linien dominieren. Das geübte Auge erkennt, ob eher die Ober- oder die Außenkanten der Rahmen in einer Linie liegen sollten oder ob die Gruppe auf einen Mittelpunkt hin ausgerichtet und symmetrisch sein sollte. Es empfiehlt sich, die Bilder zunächst auf dem Fußboden anzuordnen, um sich einen Eindruck von der Gesamtkomposition zu verschaffen. Hat man sich für eine bestimmte Anordnung entschieden, dann ist es wichtig, auf gleiche Abstände zwischen den einzelnen Bildern zu achten.

PRAKTISCHE HINWEISE

Bilder – vor allem Bildgruppen – allein aufzuhängen ist schwierig, es sei denn, man verfügt über ein geübtes Auge und hat die Wand zuvor mit mathematischer Präzision vermessen und markiert. Ein Fehler beim Aufhängen führt rasch zu zahllosen häßlichen Löchern und bröckelndem Putz. Man sollte jemanden bitten, das Bild an die gewünschte Stelle zu halten, bevor man zum Hammer greift, damit man zurücktreten und beurteilen kann, ob die Anordnung ausgewogen wirkt.

Um die Position des Bilderhakens zu bestimmen, hängt man den Aufhängedraht über den Haken und mißt den Ab-stand zwischen der Oberkante des Rahmens und dem tiefsten Punkt des Hakens. Es ist wichtig, von dessen tiefstem Punkt auszugehen, weil der Aufhängedraht am Haken befestigt wird, nicht am Nagel. Dann mißt man den Abstand von der Decke oder Bildleiste bis zu dem Punkt, wo die Oberkante des Rahmens sitzen soll, addiert den zuvor gemessenen Abstand und markiert den Punkt mit einem weichen Tischlerbleistift (der sich leicht wegradieren läßt, ohne daß die Tapete beschädigt wird) auf der Wand.

Bei großformatigen, schweren Gemälden empfiehlt es sich, einen Fachmann zu Rate zu ziehen, da gebohrt und gedübelt werden muß und es viel Arbeit bereiten kann, bis das Bild gerade hängt. Für schwere Gemälde sollte man zwei Haken nehmen oder sie mit zwei Messingketten an einer Bildleiste aufhängen.

RAHMEN

Die Wahl des Rahmens hängt vor allem von Gegenstand, Technik, Stil und Alter des betreffenden Bildes ab. Rahmen und Passepartouts sollen ein Bild zur Geltung bringen, nicht von ihm ablenken, sollen es behutsam ergänzen, nicht dominieren. Im übrigen ist der Rahmen in erster Linie eine Frage des persönlichen Geschmacks.

ÖLGEMÄLDE

Traditionelle Ölgemälde wirken am besten in einem entsprechenden Rahmen. Antike Rahmen waren handgeschnitzt und galten als wichtiger Bestandteil der Gesamtkomposition. In der Frührenaissance dienten oftmals Details aus der Kirchenarchitektur, den Kunstgalerien der damaligen Zeit, als Vorbild. Rahmen „von der Stange" gibt es erst seit dem 16. Jahrhundert, als die Künstler verstärkt individuelle Gemälde schufen und seltener Hand in Hand mit Architekten an Fresken arbeiteten. Damals entwickelte sich das Herstellen von Rahmen zu einem eigenständigen Handwerk, dessen Vertretern es oft mehr darum ging, ihre Kunstfertigkeit unter Beweis zu stellen, als den Rahmen auf das Bild abzustimmen. Antike Rahmen sind wahre Kunstwerke und entsprechend teuer. Wenn also der Originalrahmen nicht mehr vorhanden oder nicht mehr zu reparieren ist, wird man vielleicht vor dem Preis für einen echten antiken Ersatz zurückschrecken. In solchen Fällen ist eine gute Nachbildung eine sinnvolle Alternative.

Bei Rahmennachbildungen kann der Kunde Einfluß auf Form und Oberflächengestaltung nehmen. Beliebt und in den meisten Fällen geeignet ist das Vergolden, das zwar teuer ist, aber auch sehr gut aussieht. Der Vorteil eines vergoldeten Rahmens ist, daß er abgesehen von gelegentlichem Abstauben nur wenig Pflege braucht und elegant altert.

RECHTS *Ein ungewöhnliches europäisches Porträt eines indischen Prinzen oder Maharadschas. Den Rahmen mit seiner wunderbaren Alterspatina hat der Künstler vermutlich selbst ausgesucht, denn Bild und Rahmen passen ausgezeichnet zusammen.*

Das kostspieligste Verfahren, mit dem man das beste Ergebnis erzielt, ist die Blattvergoldung. Dabei wird echtes Blattgold auf eine Grundierung aus Kreide oder Gips und Bolus aufgebracht und anschließend brüniert, was für eine wunderbare Farbintensität und Alterspatina sorgt. Die zweitbeste Möglichkeit ist die Ölvergoldung – ein einfacheres Verfahren, bei dem das Ergebnis matter und von geringerer Farbintensität ist. Ein preiswerter Ersatz ist Goldstaub, der sich gut dazu eignet, Schadstellen zu kaschieren oder einzelne Formelemente eines Rahmens zu betonen.

Andere traditionelle Oberflächenbehandlungen sind Beizen, Wachsen und Polieren. Natürliche Holzmaserungen werden durch Beizen und anschließendes Versiegeln mit Möbelpolitur oder Schellack hervorgehoben. Dekorativ antikisierte oder krakelierte Farbschichten lassen das Holz alt wirken, und Hartholzrahmen gewinnen oftmals durch ein Goldprofil, das Ölgemälde schön zur Geltung bringt.

Ölgemälde kommen in der Regel ohne schützendes Glas aus, weil ihre Oberfläche mit Firnis versiegelt ist. Da sie per se kräftiger wirken als Aquarelle oder Stiche, vertragen sie einen massiveren Rahmen. Selbst kleinformatige Ölbilder gewinnen ungemein durch einen auffälligen, wenn auch schlichten Rahmen. Er darf nur nicht vom Bild ablenken.

AQUARELLE

Traditionell verwendet man für Aquarelle Passepartouts in sanften, neutralen Farben und schlichte Gold- oder Holzrahmen. Ich bevorzuge Passepartouts mit ein paar einfachen Linien in den Farben des Bildes. Sie sollten großzügig be-

messen sein – je kleiner der Bildgegenstand, desto größer das Passepartout. Farbige Passepartouts passen gut zu schwarz-weißen Stichen oder einfachen, klaren Bildmotiven, können bei zarten Aquarellen aber zuviel Aufmerksamkeit auf sich lenken.

Bei älteren, traditionellen Aquarellen bleibe ich beim Bewährten und wähle einen schlichten Gold- oder Naturholzrahmen oder eine Kombination aus beidem. Auffälligere, zeitgenössische Arbeiten verlangen nach etwas Kräftigerem – einem Metallrahmen oder einem farbigen Rahmen vielleicht –, das zum gesamten Einrichtungsstil paßt.

ALTE DRUCKE

Echte alte Drucke erfordern Behutsamkeit, da alles Schreiende von ihnen ablenken würde. Vielfach handelt es sich dabei um Illustrationen aus alten Vorlagenbüchern für Baumeister, die Grundrisse und Fassadenansichten sowie Darstellungen von verzierten Türeinfassungen und sonstigen Details zeigen. Beliebt waren auch Kartenskizzen oder Abbildungen fremdländischer Flora und Fauna, die Entdecker und Naturkundler von ihren Forschungsreisen mitgebracht hatten.

Das Sammeln von Drucken wird interessanter, wenn man sich mit den verschiedenen Techniken auskennt. Die frühesten Drucke waren Holzschnitte, bei denen der Druckstock, wie in den Anfangszeiten des Buchdrucks, aus Holz bestand. Sie sind stets kleinformatig und zeichnen sich durch kräftige Linien aus. Später lernte man, Druckstöcke aus dem Hirnholz besonders harter Hölzer wie etwa Buchsbaum zu schneiden, was feinere Linien und größeren Detailreichtum zuließ, bei allerdings ebenfalls begrenztem Format. Diese Techniken werden als Hochdruckverfahren bezeichnet.

Mit dem Aufkommen des Kupfer- und Stahlstichs ließen sich größere Bilder mit wesentlich mehr Details und noch feineren Linien drucken. Zur Wiedergabe von Grautönen entwickelte man die Mezzotinto-Technik, bei der die gesamte Oberfläche der Druckplatte aufgerauht wird. Diese Metalldruckverfahren sind ebenso wie Radierungen und die Aquatinta-Technik, bei denen die Linien mit Säure in die Metallplatte geätzt werden, als Tiefdruckverfahren bekannt.

Die dritte Gruppe von Druckverfahren sind die Siebdrucke. Die vierte umfaßt Lithographien und Chromolithographien; diese sogenannten Flachdrucke beruhen auf che-

LINKS *Ein modernes abstraktes Gemälde, bei dem ein Rahmen sicher fehl am Platze wäre*

RECHTS *Hier liefert ein einfach gerahmtes abstraktes Bild einen interessanten Hintergrund für einen Stuhl aus dem 17. Jahrhundert und eine alte Eichentruhe.*

OBEN *Eine Schiffsdarstellung im schlichten gold-schwarzen Holzrahmen wird flankiert von Zeichnungen und lavierten Federzeichnungen. Alte Drucke verlangen einfache Passepartouts.*

misch-physikalischen Grundlagen. Dies sind die einzigen Farbdruckverfahren; bei den anderen Techniken wurden die Drucke nachträglich von Hand koloriert.

Bei all diesen Verfahren hinterläßt die Druckplatte einen deutlich sichtbaren Abdruck auf dem Papier, und wenn man Originaldrucke rahmt, sollte man diese Konturen keinesfalls verdecken. Hat der Druck einen Titel, läßt man entweder unter der Abbildung entsprechend viel Platz oder schneidet eigens dafür ein kleines Fenster ins Passepartout.

MODERNE DRUCKE

Bei modernen Drucken oder Reproduktionen sind der Phantasie keine Grenzen gesetzt. Man kann Passepartouts beispielsweise mit Linien verzieren, Marmorpapier verwenden oder Passepartouts in zwei Farben kombinieren, auf die ver-

schiedenste Art die Ecken ausschmücken oder auch mit Schablonen arbeiten.

Auch die Rahmen bieten ein weites Experimentierfeld, nicht nur in Farbe und Oberfläche, sondern auch in der Form: von kreisrund über oval bis zu sechseckig. Dabei muß die Form des Bildes nicht mit der des Rahmens und des Passepartouts übereinstimmen, und verschiedene Kombinationen verleihen zusätzlichen Reiz. Der Rahmen kann farblich zur Einrichtung oder zum Bild passen, aber man sollte stets darauf achten, den Druck nicht durch Farben zu „erschlagen", die sich beißen oder zu stark dominieren.

PFLEGE UND RESTAURIERUNG

Ölgemälde altern und müssen irgendwann restauriert werden. Bei sorgfältiger Pflege kann man jedoch den Schaden gering halten und ihre Lebensdauer verlängern. Die Pflege beginnt mit der Wahl eines geeigneten Standorts, wo das Gemälde vor Sonnenlicht und direkter Wärmeeinwirkung geschützt ist. Übermäßige Trockenheit führt zu Rissen in der Farbschicht, zu hohe Luftfeuchtigkeit zu Schimmelbildung, und bei starken Temperaturschwankungen kann der hölzerne Keilrahmen reißen oder sich verziehen.

AUFSPÜREN VON SCHÄDEN

Offensichtliche Schäden an einem alten Ölgemälde sind große Risse mit abblätternder Farbe und aufgebogenen Rändern sowie eine ungleichmäßige Oberflächenstruktur. Kleine Risse sind Ausdruck des natürlichen Alterungsprozesses und daher unbedenklich. Man sollte sich aber die Rückseite eines Gemäldes ebenso sorgfältig ansehen wie die Vorderseite und dabei auf Wasserflecken und Staubklümpchen achten. Wenn man das Gemälde gegen das Licht hält, entdeckt man kleine Risse und Löcher, die sonst kaum zu erkennen sind. Fachleute verfügen über vielfältige Möglichkeiten zur Überprüfung des Zustands, und je früher man einen Schaden entdeckt, desto leichter läßt er sich beheben. Wertvolle Ölgemälde sollte man immer von einem Experten reinigen und restaurieren lassen. Wer nicht über beträchtliches Wissen auf diesem Gebiet verfügt, kann schon beim einfachen Reinigen großen Schaden anrichten.

FIRNIS

Zum Schutz vor Staub, Rauch und anderen Alltagsschäden werden Ölbilder mit einer speziellen Firnisschicht versehen. Sie läßt sich entfernen, ohne daß die Farbe selbst beschädigt wird, und kann nach dem Reinigen neu aufgetragen werden. Der Firnis schützt das Gemälde, bringt die Farben zum Leuchten und verleiht der Oberfläche eine einheitliche Patina. Nie sollte man eine neue Firnisschicht auf eine alte, verschmutzte auftragen, da dies Farbe und Wirkung des Kunstwerks beeinträchtigt.

AQUARELLE UND DRUCKE

Wie jedes andere Bild leiden auch Aquarelle oder Drucke unter zuviel Licht und Feuchtigkeit. Früher verwendete man oft Papier, das Chemikalien enthielt, die empfindlich auf bestimmte Umweltbedingungen reagieren. Das führte rasch zu Schäden. Die heute weithin gebräuchlichen säurefreien Papiere und Pappen garantieren eine längere Lebensdauer. Wenn man alte Drucke oder Aquarelle restaurieren läßt, sollte man unbedingt darauf achten, daß säurefreie Passepartouts gewählt werden. Soll eine alte Umrahmung weiterverwendet werden, unterlegt man sie mit neuer, säurefreier Pappe.

Ein typischer Schaden an Kunstwerken auf Papier sind Stockflecken – durch Feuchtigkeit und Pilzbefall verursachte gelblich-braune Verfärbungen. Experten können sie mit einem speziellen Bleichmittel leicht entfernen. Wenn säurehaltiges Papier zuviel Licht ausgesetzt ist, treten oft Säureschäden auf. Es kommt dann zu gelbbraunen Verfärbungen, wie man sie von alten Zeitungen kennt, und das Papier wird trocken und brüchig.

Wer seinen Drucken und Aquarellen ein langes Leben sichern will, muß sie also gut vor Licht und Feuchtigkeit schützen. Licht verursacht die verschiedensten Schäden, deshalb sollten Aquarelle und Drucke nie direkt in der Sonne hängen. Glas schützt zwar vor Staub und Verschmutzungen, nicht aber vor ultravioletten Strahlen, es sei denn, es ist speziell dafür ausgerüstet. Wertvolle Drucke gehören nicht in die Küche oder ins Badezimmer, da Feuchtigkeit auch in noch so dicht schließende Rahmen eindringt. Feuchtigkeitsschäden lassen sich vermindern, wenn man für gute Luftzirkulation sorgt, indem man beispielsweise ein Stück Kork zwischen Bild und Wand schiebt.

UNTEN Ein reichhaltiges Sortiment von Bildern, die teils an der Bildleiste befestigt sind, teils auf Staffeleien stehen und teils in einem Ständer lagern

SPIEGEL UND RAUMWIRKUNG

Eine der effektivsten Methoden, einen Raum größer und heller wirken zu lassen, ist die großzügige Verwendung von Spiegelglas. Im Badezimmer, wo Spiegel eine wichtige Funktion erfüllen, kann man ganze Wandflächen verspiegeln. Spiegel bringen Glanz in dunkle Nischen und sogar an Zimmerdecken. Sie verändern Proportionen durch die Illusion von Tiefe, sorgen in düsteren Fluren für Licht und verbreitern schmale Durchgänge. Neues Spiegelglas wirkt oft ausgesprochen kalt und paßt nicht unbedingt zu einer klassischen Einrichtung. Dieses Problem läßt sich lösen, indem man getönte oder antikisierte Spiegel verwendet, wie sie in Spezialgeschäften erhältlich sind, und die harten Kanten mit Holz einfaßt.

LINKS *Hier macht ein Spiegel den Rücken einer klassischen Steinskulptur sichtbar und betont zugleich die perfekten Proportionen eines eleganten Raums. Das antike Spiegelglas schmeichelt dem Auge.*

UNTEN *Interessante Wandschirme aus bemaltem Bambus und Spiegelglas lassen das ganze Zimmer erstrahlen und verdoppeln die Wirkung liebgewonnener Sammlerstücke.*

OBEN *Dieser langgestreckte schmale Raum mit Fenstern auf nur einer Seite gewinnt an Weite durch einen riesigen antiken Spiegel mit Goldrahmen, der die Illusion eines Durchgangs in ein weiteres Zimmer erzeugt.*

LINKS *Ein schöner Spiegel mit orientalisch anmutendem Gold-Email-Rahmen an einer mit antikisiertem Spiegelglas verkleideten Wand verwandelt diesen winzigen Raum auf geradezu magische Weise. Die vielfach gespiegelten Zimmerpalmen lassen an einen prächtigen arabischen Palast denken.*

RECHTS *Schlichte Spiegel an den umliegenden Wandflächen verdoppeln die Wirkung dieses Spiegels samt zugehöriger vergoldeter Marmorkonsole.*

OBEN *Eine interessante Art, ein Bild zu präsentieren: Es hängt auf einer Spiegelfläche mit eigens angefertigtem Rahmen; der Haken verbirgt sich hinter einer Schleife.*

LINKS *Diese reichverzierten Spiegel aus dem 18. Jahrhundert mit integrierten Kerzenleuchtern hängen wie Gemälde zu beiden Seiten einer vergoldeten Tür.*

UNTEN *Der Kamin gibt dieser zauberhaften Ecke eines Zimmers im viktorianischen Stil Behaglichkeit; zwei hübsche kleine Spiegel verleihen dem Ganzen zusätzlichen Glanz.*

DEKORATIVE SPIEGEL

Wie bei Bilderrahmen, so gibt es auch bei Spiegeln die verschiedensten Stile und Formen, von verhaltener Schlichtheit bis zu barockem Überschwang. Ist der Spiegel, der einem vorschwebt, nirgendwo zu finden, entwirft man ihn eben selbst. Entweder man kauft einen antiken Rahmen und läßt altes Spiegelglas einsetzen, oder man geht von einem vorhandenen Stück Spiegelglas aus und läßt sich den passenden Rahmen anfertigen.

Dekorative Spiegel passen in jeden Raum, wirken jedoch besonders schön, wenn sie Kerzenlicht reflektieren. Das

OBEN Hier wurde ein Stück neues Spiegelglas mit einem extravaganten Rahmen aus geschnitzten Blumen und Früchten versehen. Da der Spiegel seitlich bis zum Boden hinabreicht, scheint der Kamin frei im Raum zu schweben.

macht sie zum idealen Eßzimmerschmuck. Im Wohnzimmer kann ein prächtiger Spiegel anstelle eines Gemäldes als Blickfang dienen, und kleine Spiegel lassen sich hier und da an den Wänden plazieren, um für eine gleichmäßige Verteilung von natürlichem und künstlichem Licht zu sorgen.

RECHTS Vergoldetes Holz mit üppigen Rokokoschnörkeln und -ornamenten umrahmt ein Stück altes Spiegelglas. Spiegel wurden früher mit einer Mischung aus Silber und Quecksilber überzogen; Feuchtigkeit ließ sie blind und fleckig werden, aber trotz dieser Anzeichen ehrwürdigen Alters sollte man sie keinesfalls durch modernes Spiegelglas ersetzen.

UNTEN In dieser kleinen Eßdiele wurde ein Eckschrank mit einer Spiegeltür aus zwei Stücken schlecht erhaltenem Spiegelglas versehen, das für eine weichere, schmeichelndere Reflexion sorgt. Der Rahmen besteht vermutlich aus teils alten, teils nachgebildeten vergoldeten Abschnitten.

OBEN Ein eleganter Artdéco-Toilettenspiegel mit strahlendem Silberglanz und in die Rückseite des Glases eingeschliffenen schwungvollen Verzierungen. Farbiges Spiegelglas, wie es hier seitlich verwendet wird, war damals sehr beliebt. Die gefragtesten Farben waren Pfirsichrosa und Apfelgrün.

SAMMLUNGEN

IN JEDEM VON UNS STECKT EIN SAMMLER, OB UNSERE LEIDENSCHAFT NUN
ZINNSOLDATEN ODER TENNISTROPHÄEN, GLASKARAFFEN, ALTEN GARTEN-
WERKZEUGEN ODER CHINESISCHEN INGWERGEFÄSSEN GILT.
EINE SAMMLUNG VERRÄT VIEL ÜBER EINEN MENSCHEN, ÜBER SEINE VOR-
LIEBEN UND SEINEN STIL, UND SIE VERLEIHT JEDEM RAUM UNVERSEHENS
EINE PERSÖNLICHE NOTE.

KERAMIK

Das Wort Keramik kommt vom griechischen *keramos* (Ton) und umfaßt alle Arten von Töpfererzeugnissen und Porzellan, vom einfachen irdenen Krug bis zur kostbaren Ming-Vase. Das Sammeln von Keramik ist folglich für jedermann erschwinglich, und in den meisten Haushalten wird man auf zahllose Keramikgegenstände stoßen.

Jede Sammlung braucht einen Schwerpunkt, doch das heißt keineswegs, daß alle Objekte teuer sein müssen. Wer aktuelle Fachliteratur studiert oder sich mit Experten unterhält, kann auf einem Teilgebiet des Themas das notwendige Grundwissen erwerben und selbst beurteilen, ob Preis und Qualität bei einem Stück im rechten Verhältnis stehen.

Beim Aufbau einer Sammlung besteht das Vergnügen im wesentlichen in der unermüdlichen Jagd nach günstigen Gelegenheiten. Eine Sammlung läßt sich nicht über Nacht schaffen, zumal die Wahrscheinlichkeit größer ist, daß ein wohldurchdachtes Ensemble entsteht, wenn man sich eingehend mit dem Thema beschäftigt und sich Zeit läßt.

STEINZEUG, STEINGUT, PORZELLAN

Steinzeug besteht aus feinem grauem Ton, der beim Brennen so hart wird, daß der Scherben wasserundurchlässig ist, wohingegen man für Steingut gröberen Ton verwendet, der

LINKS *Die alten chinesischen Keramikgefäße gleichen sich in Form und Oberflächenstruktur und passen gut zu der rustikalen Einrichtung dieses Zimmers.*

UNTEN *Zwei englische Weichporzellan-Saucieren und eine chinesische Schüssel aus dem 18. Jahrhundert. Der Wandteppich und das Porträt stammen ebenfalls aus dieser Zeit.*

OBEN *Ein Regal mit Sèvres-Porzellan im typischen Rosa und Erbsengrün. Das Dekor heißt „Rose Pompadour"*

mit einer aufgeschmolzenen Glasur versehen wird, um ihn wasserundurchlässig zu machen.

Porzellan unterscheidet sich davon sowohl im Aussehen als auch in der Textur. Es besteht aus feiner weißer Porzellanerde (Kaolin) und ist nach dem Brennen lichtdurchlässig. Das echte, sogenannte Hartporzellan wurde vor über tausend Jahren in China erfunden. Frühe Versuche, dieses einzigartige Qualitätsprodukt in Europa nachzuahmen, führten zur Erfindung des Weichporzellans aus einer Mischung von weißer Porzellanerde und (zur Glasherstellung verwendeter) Fritte, die für die nötige Transparenz sorgt. Bei einfachen glasierten Tellern oder Schalen ist der Unterschied kaum feststellbar, aber Weichporzellan eignet sich weniger für die feinen Details und die klaren, leuchtenden Farben und Glasuren, für die echtes Porzellan berühmt ist.

DIE WAHL DES SAMMELSCHWERPUNKTS

Manch einen hat vielleicht schon die Leidenschaft für ein bestimmtes Sammelgebiet gepackt, seien es die Werke einer bestimmten Person wie die begehrten Art-déco-Kreationen der britischen Designerin Clarice Cliff, kuriose Milchkännchen in Kuhform oder eine bestimmte Art von Keramik wie zum Beispiel Steingut mit Zinnglasur. Wie und was man sammelt, hängt ganz vom persönlichen Geschmack ab. Am einfachsten ist es wohl, Dinge nach Farbe und/oder Verwendungszweck zu sammeln: grüne Krüge, deutsche Bierseidel oder weiße Kerzenständer beispielsweise. Oder man sammelt verschiedene Gegenstände, die mit dem gleichen Motiv verziert sind, egal ob mit Vögeln oder Heißluftballons.

Zehntausende von schön geformten Vasen, Schalen und Tellern aus chinesischem Blauweißporzellan wurden als Ballast auf den Handelsschiffen der Ostindienkompanien exportiert und gelten seit jeher als sichere Investition, wie übrigens auch blau-weißes Porzellan aus England. Solche Stücke sind zweifellos ein risikoloseres Sammelgebiet für

Neulinge als farbige Keramik, von der seit Anfang des 19. Jahrhunderts immer wieder Fälschungen in Umlauf sind.

Das Sammeln macht noch mehr Spaß, wenn man sich etwas aussucht, was nicht so leicht aufzutreiben ist. Die Objekte müssen deswegen nicht selten und teuer, sie sollten nur originell sein.

DIE PRÄSENTATION VON KERAMIK

Jedes Stück verdient es, so vorteilhaft wie möglich präsentiert zu werden. Ich besitze viele Einzelstücke, jedes mit einer eigenen Geschichte und einer besonderen Erinnerung

verknüpft, die für sich allein oder neben Silber, Glas oder Büchern stehen. Andererseits wirkt eine Sammlung eines bestimmten Typs von Keramikobjekten wie beispielsweise emaillierten Porzellandosen besser, wenn man sie geschlossen präsentiert und nicht mit anderen Porzellangegenständen kombiniert.

UNTEN *Die kobaltblauen Unterglasurdessins machten das chinesische Porzellan so beliebt. Die Imitationen orientierten sich teils an traditionellen Vorbildern, teils waren sie speziell für den europäischen Markt bestimmt.*

Die Höhe der Aufstellung ist auch eine Überlegung wert. Kleine Dosen mit schön verzierten Deckeln sollten selbstverständlich auf einem niedrigen Regal oder Tisch plaziert werden, damit man die Details besser bewundern kann. Große Schalen, Krüge und Vasen wirken vielleicht besser auf dem Boden – eventuell sogar unter einer Konsole oder einem kleinen Tisch, wo sie nicht Gefahr laufen, umgestoßen zu werden.

Teller kann man mit speziellen Haltern, die sich der individuellen Größe anpassen lassen, an die Wand hängen. Sie machen sich gut in Gruppen oder in Kombination mit Bildern. Ebenso eindrucksvoll wirken sie auf Anrichten oder in Glasvitrinen, vorausgesetzt, diese sind gut beleuchtet. Um ein Paar besonders schöne Schüsseln oder Teller zusammen mit anderen Objekten auf einem Tisch zu präsentieren, verwende ich gern hölzerne Tellerständer.

OBEN *Dies ist nur ein Bruchteil meiner Sammlung emaillierter Porzellandosen. Bis auf einige sind die meisten modern. Solche Dosen wurden (vor allem in der mittelenglischen Grafschaft Staffordshire und im Londoner Stadtteil Battersea) erstmals im 18. Jahrhundert als preiswerte Alternative zu den kostbaren Originalen aus Meißen und anderen großen Porzellanmanufakturen hergestellt. Die beiden urnenförmigen Vasen aus England stammen von Anfang des 19. Jahrhunderts, als man ein Vergoldungsverfahren anwandte, das einen weicheren Gelbton erzeugte als das später im selben Jahrhundert übliche.*

LINKS *Ein Eßtisch ganz in Weiß. Die Teller aus feinem weißem Porzellan haben nur einen feinen Goldrand, und die Figurinen, die als Tischdekoration dienen, sind ebenfalls weiß. Auf dem Kaminsims eine Sammlung bemalter Keramikfiguren aus Staffordshire.*

LINKS *Hier drängen sich chinesische Porzellangefäße zusammen mit emaillierten chinesischen Figuren auf einem Schrank. Chinesisches Blauweißporzellan kam in der Regierungszeit des englischen Königs Wilhelm III. (1689–1702) in Mode und erfreute sich so großer Beliebtheit, daß eigens Möbel entworfen wurden, auf denen man es wirkungsvoll präsentieren konnte.*

UNTEN *In dieser eklektischen Sammlung blau-weißen Porzellans ergänzen Stücke aus dem 19. und frühen 20. Jahrhundert das chinesische Element und findet sogar einfaches gestreiftes Gebrauchsgeschirr seinen Platz.*

PFLEGE UND RESTAURIERUNG

Die meisten Porzellangegenstände lassen sich leicht in warmem Wasser mit einem milden Spülmittel reinigen, aber reparierte Teile sollte man nicht lange einweichen, da sonst der Klebstoff aufweicht. Es reicht, wenn man sie kurz eintaucht und anschließend gut abwischt. Für besonders zerbrechliche Stücke sollte das Becken mit weichen Tüchern oder Gummimatten ausgelegt und jedes Teil einzeln abgewaschen werden. Mit einer feinen Bürste läßt sich der Staub aus den Ritzen lösen.

Zum Trocknen stellt man die Stücke auf ein Tuch und wischt gegebenenfalls noch einmal kurz nach. Sie sollten nicht gestapelt, sondern stets einzeln gehandhabt werden, und wenn man sie zum Aufbewahren zusammen verpacken muß, empfiehlt sich die Verwendung von Seidenpapier zum Auspolstern der Zwischenräume. Niemals sollte man die Objekte an bereits reparierten Henkeln oder Tüllen anfassen und stets auf Deckel und andere lose Teile achtgeben. Für das – vorsichtige! – Staubwischen eignet sich ein weicher Staubwedel oder Pinsel, mit dem man den Staub aus den Ritzen und Verzierungen entfernen kann.

Wenn Keramikgegenstände auf einer polierten Fläche stehen, empfiehlt es sich, ihre Unterseite mit Filz zu bekleben, um Rutschen zu verhindern.

GLAS

Seltene, schöne Stücke aus Glas sind faszinierende Sammelobjekte, aber auch ganz alltägliche Glasgegenstände bringen Glanz in einen Raum. Weingläser, Pokale, Servierplatten, Kerzenhalter und Schüsseln muß man nicht hinter Schranktüren verbergen, wenn sie nicht in Gebrauch sind; man sollte sie vielmehr auf Regalen oder Anrichten sichtbar aufstellen und sich am Spiel der Lichtreflexe erfreuen.

EINE KURZE GESCHICHTE DER GLASMACHERKUNST

Vom 13. bis zum späten 18. Jahrhundert war Venedig die Hochburg der Glasherstellung. Überall sonst in Europa galt Glas, da es aus Italien importiert werden mußte, als kostspieliger Luxus. Vom späten 18. Jahrhundert an übernahmen England und Irland eine führende Rolle in der Glasherstellung, vor allem bei farbigen Gläsern und bei Bleikristall, das sich wie ein Diamant schleifen und facettieren läßt. Mundgeblasenes (anstelle von gegossenem) Glas und neue Bearbeitungsverfahren wie Gravierung, Ätzung und Emailmalerei machten seit dem frühen 18. Jahrhundert feinere Formen möglich. Während der gesamten Viktorianischen Ära erlebte die Glasindustrie eine Blütezeit, wobei im Zuge der Mechanisierung neue Verfahren aufkamen wie die Mattätzung mit Säure, die billiger und schneller ist als die älteren Techniken des Verzierens mit einem Ritzdiamanten oder einem kupfernen Gravierrädchen. Seit dem 19. Jahrhundert gibt es sehr viel Preßglas, das nach einem in Amerika entwickelten Verfahren produziert wird und handgeschliffenem Glas täuschend ähnlich sieht.

Bei sorgsamer Behandlung altert Glas nur sehr wenig, so daß es oft ausgesprochen schwierig ist, das genaue Alter eines Gegenstandes zu bestimmen. Glas wurde nur selten mit einem Markenzeichen versehen, und oft ist der verläßlichste Anhaltspunkt für die Altersbestimmung das Dekor oder die Form. So sind Punsch-Schüsseln typisch für den englischen Klassizismus, war geschliffenes Glas vor 1760 eine Seltenheit und ist die Technik der Glasätzung charakteristisch für die Viktorianische Zeit. Mundgeblasenes Glas ist immer ein wenig uneben und asymmetrisch in der Form.

SAMMLERSTÜCKE AUS GLAS

Man braucht schon gewisse Vorkenntnisse, um in Auktionshäusern und Antiquitätenläden erfolgreich nach Sammlerstücken aus Glas zu suchen, da deren Herkunft oft schwer festzustellen ist. Aber wie bei jeder Sammlung sollte man sich auch hier weniger von historischen Gesichtspunkten als von den eigenen Vorlieben leiten lassen, denn sonst hat man am Ende statt eines geschickt komponierten Stillebens möglicherweise nur eine sorgsam zusammengestellte, aber langweilige Sammlung von Inventarstücken.

KARAFFEN

Bis zur Einführung des Flaschenetiketts im Jahr 1860 kaufte man Wein in Holzfässern oder einfachen farbigen Vorratsflaschen und füllte ihn direkt vor dem Servieren ab. Hier liegt der Ursprung der Glaskaraffe, einer eleganten Ergänzung für jeden festlich gedeckten Tisch.

LINKS *Eine festlich gedeckte Tafel mit Pokalen aus blauem und klarem Glas. Blaues Glas wurde erstmals im 18. Jahrhundert von Glasherstellern in der Gegend um Bristol produziert.*

RECHTS *Ein Satz aus sechs Preßglaskrügen. Mit der industriellen Preßglastechnik ließ sich Glas herstellen, das wie handgeschliffen wirkt. Das erste Patent für dieses Verfahren wurde 1825 an einen amerikanischen Produzenten vergeben, der nach dieser Methode Möbelgriffe produzierte.*

Die ersten Karaffen waren recht klobig und hatten keinen Stöpsel, da der Inhalt während der Mahlzeit ausgetrunken wurde. Stöpsel gibt es erst, seit Portwein in Mode kam. Karaffen aus dem frühen 18. Jahrhundert sind in der Regel aus Klarglas und haben schlichte geschliffene Verzierungen oder Gravuren. Bei den keulenförmigen Karaffen von Mitte des 18. Jahrhunderts wird der lange, schlanke Hals oft von einem spitz zulaufenden Verschluß gekrönt. Spätere Karaffen waren unten breiter, hatten einen kürzeren Hals und einen abgeflachten Rand zum besseren Gießen, und der Stöpsel wurde runder. Diese glockenförmigen „Schiffskaraffen" und die eckigen Whiskykaraffen, die im 18. und frühen 19. Jahrhundert aufkamen, sind bis in die heutige Zeit Vorbilder geblieben. Viktorianische Rotweinkrüge erkennt man an den kunstvollen geschliffenen und farbigen Verzierungen; sie hatten oft eine Art silberne Kragenmanschette mit aufklappbarem Deckel und einen Henkel aus Silber oder Glas.

Beim Kauf einer antiken Karaffe sollte man besonders auf den Stöpsel achten. Er muß exakt schließen und genau zum Dekor der Karaffe passen, und sofern er nicht nachgeschliffen ist, ist ein Originalstöpsel mit Sicherheit angestoßen.

KRÜGE, GLÄSER UND VASEN

Glaskrüge benutze ich gern als Blumenvasen. Die meisten alten Krüge, ob nun aus klarem oder farbigem Glas, geschliffen oder graviert, mit Emailmalerei oder aus Kameo-Glas, dienten zum Ausschenken von Erfrischungsgetränken oder Wasser, und folglich finden sich häufig passende Gläser, allerdings in den seltensten Fällen im kompletten Satz.

Antike Gläser oder spezielle Gefäße, in denen im 18. Jahrhundert ganz bestimmte Süßspeisen serviert wurden, sind nicht nur lohnende Sammelobjekte, sie eignen sich auch gut für kleine Blumenarrangements. Viktorianische Glasvasen sind ausgesprochen farbenprächtig und reich verziert. Besonders beliebt war das sogenannte Kameo-Glas: Es bestand aus verschiedenfarbigen Glasschichten, die teilweise weggeätzt oder abgeschliffen wurden, um die darunterlie-

LINKS
Farbiges Glas ist ein beliebter Werkstoff für Parfüm-flakons. Als im 13. Jahrhundert die ersten Flaschen hergestellt wurden, sollten sie im Aussehen an Halbedelsteine erinnern.

genden Farbschichten sichtbar zu machen. Derart üppig verzierte Stücke sind nicht jedermanns Geschmack, zumal sie sehr dominant wirken können.

Wenn man Glasvasen mit Porzellan kombinieren will – auf einem gedeckten Tisch zum Beispiel –, dann wirkt klares Glas am elegantesten; die Farbakzente sollten die Blumen setzen.

PARFÜMFLAKONS

Parfüm kam im 18. Jahrhundert in Mode, und wie Wein und Spirituosen füllte man es für den täglichen Gebrauch in hübsche Behälter. Die meisten Flakons waren aus Glas und hatten silberne oder vergoldete Verschlüsse, die bisweilen mit Edelsteinen der Halbedelsteinen verziert waren. Die Halterungen für tragbare Parfümflakons wurden nicht sel-

OBEN *Diese eleganten Glasobjekte von René Lalique und Émile Gallé, zwei führenden französischen Glaskünstlern, sind unverkennbar Art déco.*

ten von Juwelieren und Goldschmieden gestaltet, und später, als Parfüm bereits in kleinen dekorativen Flakons verkauft wurde, ließen die Hersteller diese von berühmten Glaskünstlern wie Lalique und Gallé entwerfen.

Farbige Parfümflakons aus venezianischem Glas sind bei Sammlern ebenso beliebt wie Flakons aus blauem Glas und die sogenannten *sulphides*, bei denen Keramikmedaillons in das Glas eingelassen sind.

BRIEFBESCHWERER

Das Sammeln von Briefbeschwerern ist ein faszinierendes, wenn auch kostspieliges Hobby. Briefbeschwerer aus Glas wurden ursprünglich ab etwa 1840 in Frankreich hergestellt, und noch heute sind französische Hersteller führend auf diesem Gebiet. Sie brachten die Millefiori-Technik zur Vollendung, bei der verschiedenfarbige Glasstäbe zu einem Bündel zusammengeschmolzen und dann in Abschnitte zerteilt werden. Die heiße Glasmasse läßt sich formen, und so entstehen Pflanzen- oder Tierfiguren, die man anschließend in eine schützende und zugleich vergrößernde Kugel aus Klarglas einbettet. Die besten französischen Briefbeschwerer kommen von der Firma Baccarat sowie aus Saint-Louis und Clichy. Manchmal, aber leider nicht immer versehen die Hersteller ihre Produkte mit Initialen oder arbeiten mit bestimmten Motiven. Baccarat zum Beispiel graviert oft einen Stern in den Boden oder verwendet sternförmige Millefiori-Motive.

Die Nachfrage nach Briefbeschwerern ist groß. Sie kommen überwiegend aus England, Frankreich, Italien und Amerika, zum Teil in limitierten Auflagen für Sammler. Obwohl Briefbeschwerer robust aussehen, sollte man sehr sorgsam mit ihnen umgehen. Makellose antike Briefbeschwerer sind teuer, und schon ein paar Kratzer mindern den Wert erheblich. Exemplare, bei denen man Schadstellen abgeschliffen hat, sind allerdings noch weniger wert.

KERZENHALTER

In meinen Augen sind gläserne Kerzenhalter ein schönerer Schmuck für einen gedeckten Tisch als silberne. Im Licht der brennenden Kerzen entfalten sie ihren Glanz und lassen die Tafel einladend erstrahlen.

Alte Kerzenhalter aus Glas waren oft nach praktischen Gesichtspunkten gestaltet, und meist sind die einfacheren Modelle am besten erhalten, denn die mehrarmigen waren überaus anfällig. Kunstvoll gearbeitete Stücke mit Gehängen aus geschliffenem Kristall stammen meist von Mitte des 18. Jahrhunderts. Sie waren eher für Anrichten als für Tische bestimmt und standen oft vor einem Spiegel, der das Licht in den Raum reflektierte.

UNTEN *Die rote Karaffe ist aus Überfangglas, bei dem in eine dünne Außenschicht aus farbigem Glas Muster eingeschliffen werden, so daß die farblose Innenschicht sichtbar wird.*

OBEN *Zwei kunstvolle Kerzenhalter aus Kameo-Glas mit glitzernden Kristallgehängen flankieren in streng symmetrischer Aufstellung einen venezianischen Spiegel.*

LINKS *Allerlei Kerzenhalter, Miniaturvasen und -krüge sowie ein Salzfäßchen aus Preßglas bilden hier mit schimmernden Muscheln und einem silbernen Kerzenlöscher ein Arrangement.*

PFLEGE UND RESTAURIERUNG

Glas ist zerbrechlich und will daher sorgsam und mit Vorsicht behandelt sein. Auf keinen Fall gehören wertvolle, alte oder besonders zarte Gläser in die Spülmaschine. Man sollte die Stücke einzeln in warmem Wasser mit einem milden Spülmittel abwaschen und gut nachspülen. Ich stelle Glas zum Trocknen auf ein Tuch und reibe zum Schluß mit einem weichen, trockenen Baumwolltuch nach. Repariertes Glas sollte man nicht ins Spülwasser tauchen, da sich der Klebstoff auflösen könnte; es wird einfach nur abgewischt oder entstaubt. Man sollte Glas auch nicht stapeln. Wenn man es lagern muß, dann an einem möglichst staubfreien Ort. Die Reparatur von angestoßenen, gesprungenen oder zerbrochenen Gegenständen sollte man ebenso Fachleuten überlassen wie die Behandlung von Flecken.

SILBER

Silber ist ein außerordentlich vielseitiges Material. Man kann es walzen, hämmern, ätzen, sägen, emaillieren, gravieren, gießen und zu Filigrandraht verarbeiten. Es läßt sich einschmelzen und in eine modernere Form bringen – das Schicksal von so manchem altem Stück. Überdies gilt es seit jeher als gute Geldanlage, da man es notfalls verpfänden, verkaufen oder zu Münzsilber einschmelzen kann.

SILBER UND SILBERLEGIERUNGEN

Da reines Silber zu weich ist für den täglichen Gebrauch, verwendet man es oft in Mischungen mit anderen Metallen (Legierungen), meist mit Kupfer, das das Aussehen des Silbers nicht verändert. Das gängige Mischverhältnis bei sogenanntem Sterlingsilber ist 92,5% reines Silber auf 7,5% unedles Metall. Um die wachsende Nachfrage nach preiswerten Silbergegenständen zu befriedigen, ging man dazu über, Gegenstände zu versilbern, indem man die in der Regel kupferne Grundform mit einer dünnen Sterlingsilber-Auflage überzog.

Stempel sollen Aufschluß über den Silbergehalt und die Herkunft eines Stücks geben, und für ernsthafte Sammler

LINKS *Ein kunstvoller dreiarmiger Kandelaber und elegante Servierschüsseln zieren diese ganz im Stil des 19. Jahrhunderts gedeckte Tafel in Homewood House, Baltimore (USA).*

UNTEN *Silberne Warmhalteschüsseln enthielten ein Gefäß, das auf einem Gestell ruhte, so daß man kochendes Wasser unter die heißen Speisen gießen konnte.*

OBEN *Eine Sammlung liebevoll gepflegter Silbergegenstände: Neben hohen Teedosen entdeckt man Zuckerzangen, Lorgnetten, Schnupftabaksdosen und silberne Trinkbecher.*

sind sie ein lohnendes Studienobjekt, aber leider kann man sich nicht auf sie verlassen. Ein Stempel kann gefälscht oder das betreffende Stück umgearbeitet worden sein, so daß es riskant ist, allein nach dem Stempel zu urteilen. Man sollte auf seinen Instinkt vertrauen, Herstellungsqualität und Gewicht, Stil und Gestaltung eingehend prüfen, und wenn einem dies alles zusagt und der Preis stimmt, dann sollte man das Stück kaufen, gut pflegen und sich daran freuen.

VERZIERUNGSTECHNIKEN

Die Ziselierung ist eine Verzierungstechnik für Silberblech und Gegenstände aus Silberguß, bei der die Ornamente von der Vorderseite her in die Oberfläche geschlagen werden. Bei dem als Treiben bezeichneten umgekehrten Verfahren entstehen durch Bearbeiten der Rückseite erhabene Verzierungen. Daneben gibt es auch kombinierte Treibarbeiten: Man arbeitet abwechselnd von der Vorder- und Rückseite und erhält so ein tieferes Relief. Die preisgünstigste Methode ist das mechanische Prägen, das in Viktorianischer Zeit vielfach bei populären Massenartikeln angewandt wurde.

Durchbrochene Arbeit, die ursprünglich mit einem winzigen Hammer und Meißel, später mit feinen Handsägen oder Stanzstempeln ausgeführt wurde, findet sich an kleinen dekorativen Gegenständen wie Körben oder Salzfäßchen. Außerdem gibt es die Möglichkeit, aus Silberblech ausgestanzte Ornamente aufzulöten, was sowohl zur Verzierung als auch zur Verstärkung von Griffen und Tüllen bei Tee- oder Kaffeekannen diente. Besondere Stücke waren bisweilen vergoldet, aber sie dienten meist nur zur Zierde. Eine Ausnahme bildeten Salzfäßchen und Krüge, bei denen die Vergoldung vor Korrosion schützte.

TRINK-, RAUCH- UND MODEACCESSOIRES

Den Grundstock der meisten Sammlungen bilden Gegenstände mit einer besonderen Geschichte oder persönlichen Bedeutung, die von Generation zu Generation weitergereicht und durch neue Stücke ergänzt werden. Ein schönes Sammelgebiet sind Silbergegenstände rund ums Trinken – von Korkenziehern und Flaschenanhängern, Weintrichtern und Taschenflaschen bis zu Schöpflöffeln, Obstsieben und Muskatreiben, die alle etwas mit der Vorliebe des 18. Jahrhunderts für Punsch zu tun haben.

Auch dem Rauchen verdanken wir eine Unzahl von Sammelgegenständen. Tabaks- und Schnupftabaksdosen gab es schon zu Beginn des 17. Jahrhunderts. Waren sie anfangs schlicht, wurden sie im Laufe der Zeit immer stärker verziert. Mit Zigarren- und Zigarettenetuis und Streichholzhüllen läßt sich eine sehr schöne, wenn auch nicht allzu gesundheitsbewußte Sammlung zusammenstellen.

Auch modische Accessoires können ein interessantes Sammelobjekt sein. Knöpfe, Stiefelknöpfer, Gürtel und Schnallen waren oft wunderbar verziert, insbesondere letztere, die im 18. Jahrhundert ein überaus begehrter Modeartikel waren.

UNTEN *Eine kleine Sammlung silberner Fingerhüte und Drehbleistifte, ein Parfümflakon aus geschliffenem Glas, eine Taschenuhr und eine zauberhafte Babyrassel mit Silberglöckchen*

OBEN *Schlichte silberne Kerzenhalter und Untersetzer schmükken einen Tisch mit schönem Tafelsilber in klassischem Dekor. Eßbestecke mit dem gleichen Dekor wurden von verschiedenen Silberschmieden angefertigt.*

TAFELSILBER

Nichts sieht einladender aus als ein festlich gedeckter Tisch mit schönem Porzellan, Glas und Silber, wobei der weiche Glanz von letzterem neben Blumen und sanftem Kerzenlicht unbedingt dazugehört.

Bei Bestecken und Tafelsilber gibt es beträchtliche Unterschiede in Dekor, Alter und Qualität. Vollständig erhaltene antike Tafelbestecke sind selten und teuer, aber oftmals lassen sich Besteckteile mit dem gleichen Dekor, aber von verschiedenen Herstellern kombinieren. Vor allem echte alte Messer sind schwer aufzutreiben, da sie anfälliger für Schäden sind als Gabeln und Löffel. Oft kommt man nicht umhin, zur Vervollständigung eines alten Bestecks neue Messer zu kaufen.

Antike Silberschüsseln und Platten waren in der Regel zum Gebrauch bestimmt und daher praktisch und schlicht gehalten, während reine Dekorationsstücke wie Tafelaufsätze meist reich verziert und manchmal sogar vergoldet waren. Oft sind es gerade die kleinen Dinge, die einer Tafel eine besondere Note geben: wunderschön verzierte Körbe, Ständer für Essig und Öl, Serviettenringe und kleine Vasen. Für mich zählen Rotweinkrüge zu den attraktivsten Gegenständen für einen schön gedeckten Tisch, denn in ihrer elegan-

LINKS *Im 19. Jahrhundert wurden Toilettengarnituren mit passenden Reiseetuis verkauft, aber heutzutage wird man sie wohl kaum auf Reisen mitnehmen. Diese Sammlung von Toilettengegenständen aus Silber und Schildpatt gehört zu meinen liebsten Besitztümern. Die weiße Stickereidecke auf der glänzenden Mahagoniplatte bringt sie in meinen Augen besonders gut zur Geltung.*

UNTEN *Bis auf das elegante silberne Monogramm „MS" ist diese schlichte vergoldete Toilettengarnitur aus den zwanziger oder dreißiger Jahren nur sparsam verziert. Zu der runden Puderdose wird eine große seidene Puderquaste gehört haben, die genau in die Dose hineinpaßte.*

ten Form verbindet sich das Funkeln des Glases mit dem Glanz des Silbers.

Silberne Kerzenhalter passen nicht nur auf den Eßtisch, sondern zieren auch Kaminsimse, Toilettentische und Anrichten. Die Bandbreite reicht von schlichten kannelierten Stücken bis zu eleganten dreiarmigen Kandelabern, nicht zu vergessen die modernen Arbeiten zeitgenössischer Silberschmiede, die zum Teil antiken Kerzenhaltern in nichts nachstehen.

TOILETTENGARNITUREN

Eines meiner liebsten Besitztümer ist meine Sammlung von Bürsten, Kämmen, Flaschen, Tiegeln und Töpfen aus Silber und Schildpatt. Ebenso dekorativ sind Parfümflakons und Puderdosen aus Silber und Glas, speziell in Verbindung mit Fotografien in Silberrahmen.

Zu alten Toilettengarnituren gehörte oft ein passendes Reiseetui. Heute sind viele dieser Garnituren in alle Winde zerstreut, und die Etuis haben sich aufgelöst. Aber eine Kombination verschiedener Dessins wirkt oft ohnehin besser als eine komplette Garnitur.

SCHREIBTISCHUTENSILIEN

Meine besondere Vorliebe gilt Fotografien in silbernen Bilderrahmen. Silberne Vergrößerungsgläser, Brieföffner, Visitenkarten-Etuis, Siegel, Tintenlöscher und Tintenfässer sind in der modernen Welt der Computer vielleicht nicht mehr allzu nützlich, aber sie kosten nicht die Welt, behalten ihren Wert und zieren einen Schreibtisch oder Sekretär mehr als jede Menge schwarzes Leder und solarbetriebener Schnickschnack.

RECHTS *Silberne Gegenstände bringen Glanz in jede Zimmerecke, so wie hier ein Arrangement aus kleinen silbernen Bilderrahmen, einem Salznäpfchen und zwei Etuis für Visitenkarten.*

UNTEN *Silber macht sich überall gut: auf poliertem Holz, auf gestärktem weißem Leinen und, so wie hier, auf einem gemusterten Stoff in dunklen, warmen Farben.*

KUPFER, ZINN UND MESSING

Auch wenn sie nicht die Feinheit von Silber besitzen, gibt es auch aus Kupfer, Zinn und Messing eine Vielzahl von nützlichen und dekorativen Gegenständen. Kupfer wurde oft für Haushaltsartikel wie Wärmflaschen, Kochtöpfe und Puddingformen verwendet, wobei Kochgefäße zum Schutz der Speisen mit Zinn beschichtet wurden. Heute dienen kupferne Küchengeräte in erster Linie zur Dekoration, da sie stundenlanges Polieren erfordern. Schon ein einzelner Kupferkessel, der von der Küchendecke herabhängt, kann einem Raum Charakter verleihen, zumal wenn noch andere hübsche Stücke hinzukommen. Zinn (genauer gesagt Pewter, eine Legierung aus Zinn und Blei) wurde zu preiswerten, robusten, meist schlichten Gefäßen verarbeitet. Messing, eine Kupfer-Zink-Mischung, galt als das Silber des armen Mannes, folglich entstanden allerlei schöne Messingnachbildungen von Silbergegenständen, insbesondere Kerzenständer und Büchsen, Tabletts und Aschenbecher. Heute findet Messing im ganzen Haus Verwendung: für

OBEN *Eine interessante Sammlung vieleckiger Messingbehälter und diverser verzierter Dosen für Toilettenartikel, bei denen es sich um Nachbildungen von Silberobjekten handeln dürfte*

LINKS *Der wunderbare Glanz dieser eindrucksvollen Galerie von Kupferkesseln und Küchenutensilien aus Kupfer und Messing zeugt von harter Arbeit. Wenn einem das Reinigen und Polieren nicht zuviel ist, eignen sich Kupfertöpfe ausgezeichnet zum Kochen, da sie die Hitze besser leiten als jedes andere Metall. Allerdings müssen sie innen mit Zinn oder Silber ausgekleidet sein, damit es nicht zu gefährlichen chemischen Reaktionen zwischen dem heißen Metall und den Speisen kommt. Ein Muß für jeden ernsthaften Koch ist eine Kupferschüssel zum Schlagen von Eischnee, der in Kupfergefäßen immer gelingt.*

Lichtschalter, Badezimmerarmaturen, Türbeschläge und Kaminutensilien. Schüreisen und Feuerböcke gibt es wie eh und je in verschiedenen Metallkombinationen. Am besten bleibt man bei einer Stilrichtung: Ist der Feuerkorb zum Beispiel aus messingverziertem Stahl, sollten die übrigen Utensilien die gleiche Materialkombination aufweisen.

PFLEGE

Die Schwefelhaltigkeit der Luft läßt Silber anlaufen. Daher sollte man Gegenstände, die nicht in Gebrauch sind, einzeln in dicht verschlossenen Plastiktüten aufbewahren. Für die normale Reinigung genügt warmes Wasser mit einem milden Spülmittel. Silber sollte sofort abgetrocknet werden, damit sich keine Wasserflecken bilden. Für die gründliche Reinigung gibt es spezielle Silberputzmittel, die mit einem feuchten Schwamm aufgetragen und nach dem Trocknen mit einem weichen Tuch abgerieben werden. Tauchbäder eignen sich für kleine Gegenstände, die schwer zu reinigen sind, aber man sollte sie nicht zu häufig anwenden und das Silber nicht zu lange darin stehen lassen, weil das Metall sonst Schaden nimmt. Antikes Silber darf nicht zu stark poliert werden, da sonst die natürliche Alterspatina verlorengeht. Bei Salzstreuern und dergleichen ist es wichtig, darauf zu achten, daß das Salz nicht direkt mit dem Metall in Berührung kommt. Keinesfalls sollte man Silber mit einem Scheuermittel behandeln. All das gilt auch für Messing und Kupfer, für die es jeweils spezielle Reinigungsmitel gibt.

OBEN *Zinngeschirr wird in Europa seit der Römerzeit aus Pewter, einer Legierung aus dem brüchigen Metall Zinn mit elastischerem Kupfer oder Blei, hergestellt.*

UNTEN *Amerikanische Toleware aus dem 19. Jahrhundert. Tôle peinte (lackiertes oder bemaltes Blechgeschirr) kam in den 1740er Jahren in Frankreich auf.*

UNTEN *Hausrat aus Zinn gibt es seit dem 14. Jahrhundert. In Europa kam er aus der Mode, als man dazu überging, versilberte Gegenstände herzustellen, in Amerika ist er bis heute beliebt.*

PLASTIKEN UND SKULPTUREN

Seit der Renaissance sind Plastiken und Skulpturen, insbesondere aus Bronze oder Marmor, beliebte Sammelobjekte. Für Innenräume eignen sich in der Regel Bronzen besser, da Marmorbüsten und -figuren oft einfach zu groß sind, aber es gibt kaum etwas Spektakuläreres als eine großzügige Eingangshalle mit einer Marmorbüste auf einem Marmortisch oder einen eleganten marmornen Akt auf einem Stein- oder Marmorfußboden. Leider sind solche Einrichtungen heute nur noch sehr selten möglich.

Wenn man sich nicht gerade auf Arbeiten von Degas oder Henry Moore kapriziert, sind Bronzen noch immer relativ erschwinglich. Bronzeplastiken in Tier- oder Menschengestalt sind in Antiquitätenläden keine Seltenheit. Meist handelt es sich um Abgüsse originaler Darstellungen von Helden oder Sagengestalten, und wegen der großen Zahl der Abgüsse, die im Laufe der Zeit von derselben Form

UNTEN Eine Gruppe von Fragmenten aus Stein, Marmor und Kunstharz. Bei der stehenden Figur handelt es sich um eine anatomische Studie der Muskulatur des männlichen Körpers.

OBEN Diese klassizistische Marmorbüste aus Frankreich (18. Jahrhundert) kommt so gut zur Geltung, weil sie für sich steht und nicht zwischen Krimskrams untergeht.

angefertigt wurden, läßt sich das genaue Alter oft nur schwer bestimmen. Für meine Begriffe spielt die Frage, wer oder was dargestellt ist, kaum eine Rolle, denn ob modern oder traditionell, ob Tier oder Mensch – eine gut gearbeitete Bronzeplastik mit edler Patina macht sich wunderbar in jeder Umgebung.

Figuren aus Zink und Gußeisen, die vor allem zur Zeit des Jugendstils und des Art déco als billigerer Bronzeersatz dienten, können ebenso großartig aussehen, sind aber weniger fein in den Details und nicht so alterungsbeständig, da das Material leicht brüchig wird.

PFLEGE VON BRONZE UND MARMOR

Die dunkelbraune oder grünliche Patina verleiht einer Bronzeplastik Charakter und steigert ihren Wert. Sie sollte daher beim Reinigen nicht entfernt werden.

Bronze- und Marmorfiguren müssen in der Regel nur abgestaubt werden. Matte Stellen und kleine grüne Flecken lassen sich im allgemeinen mühelos mit einem Spezialwachs entfernen, bei größeren Schadstellen ist es ratsam, einen Experten hinzuzuziehen.

RECHTS *Drei typische Art-déco-Bronzeplastiken vor einer Wand mit perlenbestick-ten und quastengeschmückten Geldbörsen. Die Bronzen sind vermutlich keine Unikate.*

UNTEN *Würdevolle Engels-gestalten zieren eine französi-sche Empire-Uhr mit passen-den Kerzenhaltern, die sich stilgerecht in die Symmetrie ihrer klassizistischen Umge-bung einfügen. Die Kombina-tion von Bronze mit Ormolu-Sockeln war seinerzeit sehr beliebt; Ormolu ist vergoldete Bronze.*

UNTEN *Ein Bronze-Jagdhund bildet den Mittelpunkt einer Sammlung von Jagddarstellungen. Im Hintergrund ein kolorier-ter Stich mit dem Bild eines Falkners (18. Jahrhundert).*

HOLZ

Seine satten, warmen Farben und seine taktilen Eigenschaften machen Holz zu einem einzigartigen Werkstoff. Jahrzehnte liebevoller Pflege lassen es mit zunehmendem Alter immer reizvoller aussehen. Holz verleiht einer Wohnung eine behagliche, traditionell geprägte Atmosphäre, ob es sich um ein Möbelstück, eine Treppe oder einen Kamin handelt.

Holz ist als Baumaterial unverzichtbar; dafür verwendet man überwiegend Weichholz, das anschließend gestrichen wird. Weil Hartholz und gutes Weichholz teuer sind, gibt es so wenige schön getäfelte Bibliotheken und elegante geschnitzte Treppen. Wer das Glück hat, in einem alten Haus mit originalen Holzelementen zu wohnen, sollte diese unbe-

UNTEN *Das wunderschöne geschnitzte Rankenwerk mit Goldverzierung – vermutlich ein Fragment eines großen Rahmens – setzt zwischen den vergoldeten Holzrahmen an dieser Schlafzimmerwand einen launigen Akzent.*

OBEN
Eine Sammlung alter Hartholz-Druckstöcke, wie man sie zum Bedrucken von Stoffen und Tapeten verwendete. Darunter ein Stück von einem geschnitzten Renaissancefries.

dingt erhalten und restaurieren, statt sie durch eine praktischere, aber nichtssagende Alternative zu ersetzen. Lackiertes Holz freizulegen ist mühsam, und unter Umständen ist das Ergebnis zunächst nicht einmal zufriedenstellend, doch sobald das Zimmer fertig eingerichtet ist, fallen eventuelle Mängel bald nicht mehr auf und überwiegt die Freude an dem schönen Anblick.

Dekorative Holzgegenstände sind relativ leicht zu finden. Besonders in Läden, die sich auf Haushaltsauflösungen und Entrümpelungen spezialisieren, stoße ich oft auf alte hölzerne Leisten, Gardinenstangen, Treppengeländer und allerlei andere Kleinteile – teils heute noch gebräuchliche, teils historische Dinge, teils schlicht und doch voller Eleganz, teils kunstvoll gearbeitet und einmalig in Qualität, Verarbeitung und Details.

LEISTEN UND LEUCHTER

Alte geschnitzte Leisten eignen sich wunderbar zu Dekorationszwecken: zum Beispiel paarweise rechts und links von einer Tür oder zwischen Bildern, um eine gerade Linie auf-

zulockern. Eine hölzerne Girlande oder ein bogenförmiges Ornament kann auch sehr gut über einem Bild oder einer Tür aussehen.

Geschnitzte hölzerne Wandleuchter gibt es sowohl in schmuckloser als auch in reichverzierter vergoldeter Form. Heute sind viele gute Kopien alter Stücke im Handel, die so geschickt „antikisiert" sind, daß man sie kaum von den Originalen unterscheiden kann. Solange man weiß, was man kauft, und der Preis stimmt, spielt es keine Rolle, ob man ein echtes Stück oder eine Nachbildung erwirbt. Wichtig ist allein die Wirkung, die man damit erzielt.

GESCHNITZTES UND GEDRECHSELTES

Viele der zahllosen geschnitzten und gedrechselten Gebrauchsgegenstände aus Holz stammen aus dem 17. Jahrhundert. Auch wenn diese Löffel, Schüsseln, Teller und Becher zum Gebrauch bestimmt waren, galten sie als die „Kunstwerke der Armen". Heute sind sie begehrte Sammelobjekte und machen sich wunderbar auf einer Anrichte oder auch als Schalen für Obst, Nüsse oder Potpourris. Auf dem europäischen Festland gab es eher reichverzierte ge-

UNTEN
Diese prächtige Mahagonitür mit elegant geschwungenem Ziergiebel schafft das richtige Gegengewicht zu einer Sammlung klassischer Medaillons.

schnitzte Gegenstände, während man in England und Amerika schlichtere gedrechselte Formen liebte.

KÄSTEN UND SCHATULLEN

Holzkästen gibt es in Hülle und Fülle, für jeden erdenklichen Zweck und aus den verschiedensten Hölzern. Die meisten stammen aus dem 18. und 19. Jahrhundert, einer Zeit, in der der Lebensstandard stieg und mit ihm das Bedürfnis, Dinge zu sammeln und zur Schau zu stellen. Wer Holzschatullen sammeln möchte, sollte das Gebiet auf einen spezi-

OBEN *Die schönen gedrechselten Urnen mit Marketerie-Zierbändern sind aus Obstbaumholz; die schlichte Schale davor stammt vermutlich aus England.*

fischen Verwendungszweck oder eine Holzart eingrenzen. Gängig sind zum Beispiel Besteckkästen, von offenen Bestecktabletts bis zu hochkant stehenden Messerschatullen, und Teedosen, die es auch aus Silber, Porzellan und Zinn gibt. Hölzerne Teedosen können schlicht, aber auch reich mit Perlmutt-, Elfenbein- und Holzintarsien verziert sein.

RECHTS *Eine hübsche Sammlung zweifarbiger Holzeier samt passendem Kordelspender. Der Tisch im Stil des klassizistischen Baumeisters Robert Adam ist verziert mit Satinholz-Bändern und -Intarsien und bemalt mit Medaillons und Girlanden.*

Auch Nähkästchen und Schreibschatullen wurden früher in großen Stückzahlen hergestellt. Heute dienen nur noch wenige ihrem ursprünglichen Zweck, aber es sind attraktive und nützliche Behälter, oft sehr viel schöner als moderne. Größere Kästen kann man auf den Boden stellen, mit mittelgroßen lassen sich lange Bücherreihen in Regalen optisch auflockern.

PFLEGE UND RESTAURIERUNG

Kleinere Gegenstände staubt man regelmäßig mit einem weichen Tuch ab, das dünne Furniere nicht beschädigt. Wachs sollte nur sparsam verwendet und stets gut eingerieben werden, denn eine klebrige Oberfläche zieht Staub an. Es sollte ein gutes Wachs sein – kein Spray –, das nach und nach eine gleichmäßige Patina entstehen läßt und gleichzeitig das Holz versiegelt.

Bei metallenen Schlössern, Griffen und anderen Verzierungen empfiehlt es sich, auf Metallpolitur zu verzichten, da sie Flecken auf dem Holz hinterlassen könnte. Reparaturen und die Beseitigung von Flecken sollte man stets einem Experten überlassen.

Wer verhindern will, daß Holz sich verzieht und reißt, muß für gleichbleibende Temperatur und Luftfeuchtigkeit sorgen. Für diese Mühe wird man reich belohnt.

RECHTS *Bei diesem klassisch symmetrischen Sideboard-Arrangement flankieren zwei identische Messerschatullen einen silbernen Samowar. Die prägenden Materialien in dem formell eingerichteten Eßzimmer sind edle dunkle Hölzer und schimmerndes Silber, Gold und Messing.*

KÖRBE

Körbe sind erschwingliche Dekorationsstücke für jede Gelegenheit. Früher fanden sie im täglichen Leben weit mehr Verwendung als heute: Bauern benutzten sie bei der Ernte, Fischer für ihren Fang, und auf dem Markt dienten sie zur Präsentation und zum Transport der Waren. Stil und Form der Körbe variierten je nach den verfügbaren Materialien, dem Verwendungszweck sowie regionalen Gestaltungs- und Verzierungstraditionen.

HOLZ, RINDE, WEIDENRUTEN

Das Material entscheidet über die natürliche Farbe eines Korbes und bis zu einem gewissen Grade über die Komplexität des Geflechts. In England, Holland und Deutschland wurden Körbe meist aus Weide geflochten, einem robusten Material, das jedoch nicht die Elastizität anderer Werkstoffe besitzt und daher in der Regel für große Körbe mit geraden Wänden Verwendung fand, beispielsweise Kaminholz-, Wäsche- und Hundekörbe. Typisch englische Körbe sind die ovalen, offenen Spankörbe für die Gartenarbeit aus der Grafschaft Sussex und die aus Somerset stammenden tiefen

OBEN *Ein alter englischer Picknickkorb mit dem originalen weißen Porzellan und exakt passenden Sandwich-Dosen. Vollständig erhaltene Exemplare wie dieses sind selten; meist findet man nur noch Einzelteile.*

LINKS *Bei den frühen Siedlern in Amerika spielten Körbe eine große Rolle. Sie bestanden aus einheimischen Materialien und dienten zur Aufbewahrung der verschiedensten Dinge. Dieser handbemalte Spankorb steht auf einer typischen Truhe der Pennsylvaniadeutschen.*

GANZ LINKS *Ein hübsches ländliches Stilleben. Rechts zwei typische Einkaufskörbe, wie man sie aus Frankreich und Italien kennt. Die anderen drei sind aus Weide. Helle Weidenkörbe bestehen aus Zweigen, die vor dem Einweichen (das die Zweige biegsam macht) geschält werden. Für dunklere Körbe werden die Zweige mit der Rinde eingeweicht.*

Weidenkörbe für die Obsternte. Die traditionellen Korbwaren der nordamerikanischen Indianer, vor allem im Südwesten der USA, zeichnen sich durch ein hohes Maß an Kunstfertigkeit und gestalterischer Vielfalt aus. Ihre Körbe dienten zur Aufbewahrung und zum Transport, als Siebe, Dreschkörbe, Kiepen, Fisch- und Vogelfallen, als Matten und Wiegen und sogar zum Wassertragen und Kochen. Bei den Materialien gab es ein breites Spektrum von Binsen und Gräsern bis zu Wurzeln und Rinde.

Körbe gibt es in praktisch jeder Kultur; heute kommen die meisten aus Ostasien, speziell von den Philippinen, und werden vorwiegend zur Dekoration und als Souvenirartikel geschätzt. Die ostasiatischen Korbflechter verarbeiten überwiegend Rattan und Bambus und haben im Laufe einer jahrhundertealten Tradition kunstvolle Muster entwickelt.

KÖRBE ALS DEKORSTÜCKE

Pflanzgefäße aus Korbgeflecht (natürlich mit einem Ton- oder Kunststoffeinsatz) sind sehr dekorativ, und man kann sie passend zur Einrichtung bemalen oder mit Bändern verzieren. Robuste Körbe eignen sich auch bestens als Garten-

UNTEN *Dieser passend zu den üppig blühenden Traubenhyazinthen leuchtend blau bemalte Korb setzt auf dem alten Weichholz-Sideboard einen Farbakzent.*

OBEN *In dieser behaglichen ländlichen Küche hängt ein buntes Sortiment von Körben an alten Fleischerhaken direkt unter den Deckenbalken.*

schmuck, denn das natürliche Material, aus dem sie bestehen, fügt sich wunderbar in das Grün der Pflanzen ein. Zur Bepflanzung von Körben im Garten bieten sich beispielsweise Efeu und Buchsbaum an. Geflochtene Papierkörbe haben zwar ihre Nachteile, leisten aber im Schlafzimmer gute Dienste und sind leicht zu ersetzen. Seit jeher dienen Körbe zur Aufbewahrung von Nahrungsmitteln. Ein mit Obst und Gemüse reichgefüllter Korb ist ein herrlicher Tischschmuck und kann gut an die Stelle eines Blumenarrangements treten. Im Wohnzimmer lassen sich Kaminholz und Zeitschriften in großen Körben lagern, kleine eignen sich für Potpourris oder Süßigkeiten. Im Schlafzimmer und Bad dienen Körbe als Behälter für Seife, Watte, Make-up und Schmutzwäsche. Für den Flur lassen sich sicher geeignete Exemplare für Schirme und Spazierstöcke finden. Ein kleiner Brotkorb mit einer Leinenserviette ist hübsch und handlich, und geflochtene Sets sind außerordentlich praktisch, vor allem wenn Kinder mit am Tisch sitzen.

Körbe, die gerade nicht in Gebrauch sind, bewahrt man am besten hängend auf. Meist haben sie Henkel, an denen sie in der Küche neben Töpfen und Pfannen an Fleischer- oder Wandhaken oder an einer Stange baumeln können. Körbe sind preiswert und verbreiten gute Laune, sie füllen dunkle Ecken und geben dem ganzen Haus Atmosphäre.

OBEN *Ein Teil meiner Korbsammlung hängt an einer Gardinenstange
unter einem Regal in meiner Küche. Wenn ich einen der Körbe benutzen
will, löse ich einfach den Knopf am Ende der Stange. Meistens bleiben
sie allerdings, wo sie sind – als reine Dekorationsstücke.*

ANDERE NATÜRLICHE MATERIALIEN

Sammler wie Kunsthandwerker haben von alters her eine Schwäche für Muscheln, geschliffene Steine, Halbedelsteine und Mineralien sowie tierische Materialien wie Elfenbein und Bein. Die Verarbeitung von Elfenbein unterliegt heute zu Recht vielen Beschränkungen, aber es gibt genügend altes Elfenbein, das man erwerben kann, ohne damit das Abschlachten von Elefanten zu fördern. Abgesehen davon stammt nicht alles alte Elfenbein von Elefanten, sondern teils auch von den fossilen Überresten von Mammuts, die vor etwa 10 000 Jahren ausstarben.

Schildpatt ist leicht zu verarbeiten und fand oft Verwendung für dekorative Kämme oder kleine Schmuckdosen mit Silberbeschlägen. Es ist seit dem 17. Jahrhundert ein begehrtes Sammelobjekt. Steine und Muscheln kamen im frühen 19. Jahrhundert in Mode, als immer mehr unerschrockene Reisende von ihren ausgedehnten Expeditionen in entlegene Länder mit allerlei staunenerregenden Trophäen, Pflanzen und Tieren heimkehrten.

OBEN *Viktorianische Schmuckplatten und Dosen mit Muschelornamenten. Die Damenwelt des 19. Jahrhunderts ersann unablässig neue Einrichtungsideen, wobei sie sich oft von Büchern und Zeitschriften anregen ließ.*

LINKS *Eine Sammlung von Meerschaumpfeifen und den zugehörigen Etuis und Haltern. Meerschaum ist ein weiches, leicht zu bearbeitendes Mineral, das in der Türkei gewonnen wird. Im 18. und 19. Jahrhundert wurde es in großen Mengen nach Wien, Budapest und Paris exportiert, wo es vor allem zu Pfeifen und Zigarettenspitzen verarbeitet wurde. Viele Pfeifenköpfe haben Tiergestalt oder zeigen das Konterfei prominenter Persönlichkeiten. Die Bezeichnung Meerschaum kommt daher, daß man das Material seinerzeit für versteinerte Gischt hielt.*

OBEN Diese Schlafzimmerwand ziert eine umfangreiche Sammlung von Schildpattkämmen. Schildpatt wurde überwiegend aus
dem Panzer der Echten Karettschildkröte gewonnen. Die helle-
ren Kämme sind aus Horn. Beide Materialien werden unter
Wärmeeinwirkung formbar und lassen sich sägen, biegen und in
Form pressen. Mit den Kurzhaarfrisuren, die in den zwanziger
Jahren in Mode kamen, wurden reichverzierte Kämme wie diese
überflüssig.

RECHTS Eine ungewöhnliche Schreibtischgarnitur mit Verzierungen aus Silber, Messing und Halbedelsteinen. Die blauen
Einlagen auf der kleinen Papierschatulle und dem Tintenlöscher
sind aus Lapislazuli, der grüne Stein, der in den Messingdeckel
des gläsernen Tintenfasses eingelassen ist, ist ein Malachit.

BÜCHER ALS RAUMSCHMUCK

Es ist unbestritten, daß Bücher einen Raum freundlich und bewohnt erscheinen lassen. Ebenso unbestritten aber ist, daß sich dazu manche besser eignen als andere. Abgegriffene Taschenbücher sind zum Lesen da, nicht als Raumschmuck, während ledergebundene Folianten und elegante Leinenbände einem klassisch eingerichteten Salon ein warmes, intellektuelles Flair verleihen.

BÜCHER IM REGAL

Es empfiehlt sich, Buchreihen durch Vasen, kleine Zeichnungen, Plastiken oder auch einen kleinen Stapel liegender Bände aufzulockern. Bücher, deren Einband zu schade zum Verstecken ist, sollte man frontal präsentieren, so daß man sich an ihnen erfreuen kann.

Bücherregale brauchen eine gute, aber nicht zu helle Beleuchtung. Sind die Bücherborde aus Glas, genügt eine Neonröhre an der Oberseite des Regals. Bei hölzernen Regalen braucht man unter Umständen für jedes Regalbrett eine eigene Lichtquelle, am besten in Gestalt einer flexiblen Lichtleiste, die man ganz um das Regal herumführt.

OBEN *Einige Bände einer Cicero-Ausgabe mit dem traditionellen goldgeprägten Ledereinband. Die erhabenen Rippen bezeichnet man als Bünde.*

UNTEN *Die Bibliothek eines Schlosses in Antwerpen. Wo über den eingebauten Regalen die Wand ausgespart blieb, ist sie mit geprägtem spanischem Leder bespannt.*

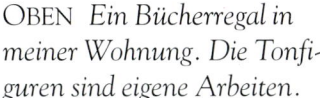

OBEN *Ein Bücherregal in meiner Wohnung. Die Tonfiguren sind eigene Arbeiten.*

RECHTS *Eine Ecke mit alten ledergebundenen Bänden und Briefbeschwerern*

ATTRAPPEN

Wenn Bücher das beherrschende Thema eines Raums sein sollen und die eigene Bibliothek nicht umfangreich genug ist, läßt sich das Fehlende leicht durch Attrappen ersetzen. Lederne Buchrücken zur Verkleidung von Schranktüren werden meterweise angeboten, und es gibt Türstopper und Briefbeschwerer, Videohüllen, Schmuckkassetten, Buchstützen und Aktenordner, die aussehen wie gelehrte Bücher. Man kann sogar eine Tapete kaufen, die ein Regal mit ledernen Buchrücken zeigt und deren Wirkung, wenn man sie sparsam in Nischen und engen Fluren einsetzt, durchaus überzeugend ist.

BÜCHERMÖBEL

Antike Lesepulte, sowohl freistehende als auch solche für den Tisch, passen gut in eine von Büchern geprägte Atmosphäre. Sie erleichtern die Benutzung großformatiger Nachschlagewerke und ermöglichen die attraktive Präsentation besonders schöner Doppelseiten. Eine Zierde sind auch Bibliothekstreppen, die sich übrigens als kleines Regal zweckentfremden und teils zu einem nützlichen Hocker oder Beistelltisch aufklappen lassen.

Kleinere dekorative Accessoires für Bücherliebhaber sind schön gestaltete Buchstützen, antike Lesezeichen, Papiermesser und Vergrößerungsgläser.

PFLEGE UND RESTAURIERUNG

Bei Büchern muß der obere Beschnitt regelmäßig mit einem Staubwedel von Staub befreit werden, da sich der Schmutz

OBEN *Regale bedecken hier die Wände vom Boden bis zur Decke, und sogar die Tür ist mit Buchattrappen verkleidet. Nur die unauffällige Messingklinke verrät das Geheimnis.*

sonst zwischen den Seiten festsetzt. Ledereinbände sollte man zusätzlich mit einem weichen Tuch und einem speziellen Lederpflegemittel abreiben. Wenn man nicht gerade ein geübter Buchbinder ist, empfiehlt es sich, antike Bücher stets von einem Fachmann reparieren zu lassen.

SPIELZEUG

RECHTS *Eine Kinderzim-
merecke mit einer Sammlung
wertvoller alter Spielsachen,
die für Kinderhände zu schade, für Sammler aber unge-
heuer reizvoll sind. Das
Schaukelpferd, dem im Laufe
der Jahre der Unterkiefer ab-
handen gekommen ist, steht
auf einem Schaukelgestell,
wie sie Ende des 19. Jahrhunderts aufkamen. Es hat noch
seinen originalen Ledersattel
und eine echte Roßhaarmähne
und dürfte von etwa 1900
stammen. Die bezaubernden
Porzellanpuppen kommen in
dem gut gefederten Wagen
ausgezeichnet zur Geltung.*

UNTEN *Alte und neue Zinnsoldaten stehen sich hier in
ewigem Kampf gegenüber. Sie
lockern in einem Regal die
strengen Buchreihen auf und
setzen einen farbigen, persönlichen Akzent. Es ist oft eine
schwierige Gratwanderung,
eine Sammlung weder wie in
einer Museumsvitrine zu präsentieren noch die Stücke so
großzügig im Raum zu vertei-
len, daß man sie kaum wahrnimmt. Hier wurde ein guter
Kompromiß gefunden.*

Anfang des 19. Jahrhunderts wurde es in bürgerlichen Kreisen üblich, daß die Kinder ein eigenes Zimmer bekamen, und im Laufe des 19. und zu Beginn des 20. Jahrhunderts nahm die Spielzeugindustrie einen großen Aufschwung. Im Kinderzimmer wurde nicht nur gespielt, hier erteilten auch Gouvernanten ihren Unterricht. Da die Kinder einen Großteil des Tages im Kinderzimmer verbrachten, gab es bald spezielle Möbel – oftmals strapazierfähige Miniaturausgaben der Möbel für Erwachsene. Diese bezaubernden kleinen Stühle, Pulte und Tische verleihen einem Raum zusammen mit antikem Spielzeug ein nostalgisches Flair, das mit dem grellen Plastikspielzeug von heute undenkbar wäre.

Altes Spielzeug ist meist zerbrechlich und von beträchtlichem sentimentalem wie finanziellem Wert, weswegen es nur zur Dekoration dienen sollte. Die Herstellungsqualität war oft exquisit; viele Spielsachen waren wahre Kunstwerke und sind bei Sammlern entsprechend gefragt. Man sollte also sorgfältig überlegen, ehe man seinen Dachboden entrümpelt und eine Kiste mit vielleicht wertvollem Spielzeug auf dem Flohmarkt verkauft.

Auch einfache Spielsachen waren hochwertig und mit pädagogischem Verstand gemacht. Den Spielzeugentwerfern und -herstellern ging es um die Vermittlung grundlegender Fertigkeiten. Zudem half Spielzeug den Kindern auch bei der Bewältigung ihrer Phantasien und Ängste. Da bei diesen frühen Spielsachen nichts vorprogrammiert war, waren die Kinder auf ihre Phantasie angewiesen, und so findet man in der Geschichte immer wieder Beispiele dafür, wie diese einfachen Spielsachen sich prägend auf den späteren Lebensweg auswirkten. Mein Vorfahr Sir Winston Churchill pflegte zu sagen, daß seine militärische Karriere auf das Spiel mit seinen Zinnsoldaten zurückgehe. Ich selbst spielte begeistert mit Puppenhäusern, stellte unablässig die Möbel um und dekorierte die Wände neu. Und ich habe Freundinnen, die eine Vorliebe für Puppenkleider hatten und heute in der Modebranche tätig sind. Es muß also etwas Wahres an dieser Theorie sein!

SCHAUKELPFERDE

Die Urahnen des Schaukelpferds dürften die Ständer zur Aufbewahrung von Sätteln und Zaumzeug gewesen sein, auf denen kleine Kinder ihren älteren Geschwistern, die bereits reiten konnten, nacheiferten. Schaukelpferde gab es schon im 17. Jahrhundert, aber den Höhepunkt ihrer Beliebtheit erreichten sie im 19. Jahrhundert. Da sie so dekorativ und oft kunstvoll gestaltet waren, blieben Schaukelpferde nicht auf das Kinderzimmer beschränkt, sondern fanden sich mitunter auch in anderen Räumen.

Die frühen Schaukelpferde hatten bootförmige Kufen und nur wenig Ähnlichkeit mit echten Pferden. Sie bestan-

den aus einer Sitzfläche zwischen zwei Holzbrettern mit einem Pferdekopf am vorderen Ende. Mähne und Schwanz waren oft die einzige Dekoration. Geschnitzte Schaukelpferde mit freistehenden Beinen und bogenförmigen Kufen kamen gegen Ende des 17. Jahrhunderts auf, und im 18. Jahrhundert ging man dazu über, sie zu bemalen und immer detailgetreuer zu gestalten, meist als Apfelschimmel. Für Schwanz und Mähne verwendete man echtes Roßhaar, für den Sattel Leder.

In den 1880er Jahren traten an die Stelle der bogenförmigen Kufen Schaukelgestelle, die ein sanftes Vor- und Zurückschwingen ermöglichten. Solche Schaukelpferde waren zwar nicht so dekorativ wie jene auf Bogenkufen, doch zweifellos empfehlenswerter für lebhafte Kinder. Sie benötigten weniger Platz und verursachten geringere Schäden an Wänden und Fußböden, da sie sich in der Regel nicht von der Stelle bewegten.

Heute gibt es eine ganze Reihe von Schaukelpferdherstellern, die diese traditionellen Formen mit großem Geschick aufgreifen und alte Stücke liebevoll restaurieren. Beim Kauf eines antiken Schaukelpferds sollte man darauf achten, daß es die originale Bemalung, Schwanz und Mähne aus Roß-

LINKS *Hier schmückt ein Schaukelpferd einen Flur. Es hebt sich wunderbar von der blau-weißen Wandtäfelung ab und ist nicht weniger wirkungsvoll als eine Statue.*

OBEN *Dieses frühe Schaukelpferd mit bogenförmigen Kufen stammt vermutlich von etwa 1750. Obwohl es restauriert wurde und nagelneues Ledergeschirr bekommen hat, blieb sein naiver Charme erhalten.*

LINKS UND UNTEN *Ein handgefertigtes Puppenhaus im Stil eines klassizistischen Bürgerhauses. Einrichtung und Raumaufteilung spiegeln die damalige Lebensweise wider. Ganz unten sieht man das Küchenpersonal beim Putzen und Kochen. Die Wäsche wird mit einer Eisenmangel mit hölzernen Walzen ausgewrungen. Die Anrichte im darübergelegenen Eß-Wohnzimmer zieren Silber- und Glasgegenstände. Im Schlafzimmer steht ein Waschtisch samt Krug und Schüssel und diskret darunter verborgenem Nachttopf. Wer sein Puppenhaus möglichst authentisch aussehen lassen will, kann in Spezialläden Puppenhaustapeten mit maßstabsgetreu verkleinerten Mustern kaufen.*

haar und einen wohlgeformten Kopf mit farblich hervorgehobenen Details hat und daß das lederne Sattelzeug deutliche Gebrauchsspuren zeigt.

PUPPENHÄUSER

Die ältesten Puppenhäuser stammen von Anfang des 17. Jahrhunderts. Nachdem diese Mode zuerst in Deutschland aufgekommen war, griff sie rasch auf Holland, wo man eine Vorliebe für reiche Innenausstattungen entwickelte, und im 18. Jahrhundert auf England über. In Frankreich waren einzelne Puppenstuben verbreiteter als ganze Häuser.

Viele der frühen Puppenhäuser sind solche Kunstwerke, daß mich die Vorstellung, daß kleine Kinder damit spielten, mit Schrecken erfüllt, aber vermutlich waren sie mehr zum Präsentieren als zum Spielen gedacht, und sicher hatte auch so mancher Erwachsene seine Freude daran. Solche Puppenhäuser dokumentieren die Lebensumstände in herrschaftlichen Häusern der damaligen Zeit bis ins kleinste Detail, etwa die Küchengeräte. Das überrascht nicht, wenn

man bedenkt, daß viele große Architekten und Kunsttischler bisweilen auch Puppenhäuser entwarfen und ausstatteten. Manchmal wurden berühmte Häuser kopiert, etwa das 1733 von Robert Adam entworfene Herrenhaus Nostell Priory in Yorkshire. Dieses Miniaturhaus mit Originalmöbeln des jungen Thomas Chippendale, der als Lehrling an dem Projekt beteiligt war, ist noch vollständig erhalten. Andere, weniger reich ausgestattete Häuser waren vielleicht ursprünglich Modelle, die Architekten anfertigen ließen, um Kunden für ihre Ideen zu gewinnen. Hatte das Modell diesen Zweck erfüllt, blieb es oft im Besitz des Kunden und landete im Kinderzimmer.

Die Puppenhäuser aus späterer Zeit waren robuster, größer und ohne die feinen architektonischen Details, die zuvor mehr für die bewundernden Blicke staunender Gäste als für klebrige Kinderhände gedacht waren. Ein Großteil des Mobiliars für diese kindgerechteren Häuser stammte aus Deutschland.

UNTEN *Eine attraktive Puppengesellschaft mit schönen Porzellangesichtern. Die ersten Teddybären kamen aus Deutschland. Wie die Bären in dieser Wiege hatten sie krumme Rücken und lange Schnauzen.*

OBEN *Ein elegantes Puppenhaus mit exquisiten architektonischen Details. Wie Schaukelpferde zieren auch gut erhaltene alte Puppenhäuser keineswegs nur das Kinderzimmer.*

Das Restaurieren alter Puppenhäuser ist ein faszinierendes, aber zeitaufwendiges Hobby. Ich beschäftige mich seit zehn Jahren mit einem solchen Projekt und hoffe, daß ich es eines Tages zu Ende bringen werde. Das Schwierigste ist die Suche nach passenden architektonischen Details und Möbelstücken im richtigen Maßstab. Am ehesten wird man auf Spielzeugauktionen fündig, obwohl es viel Geduld kostet, bis man alles beisammen hat. Aber die Mühe lohnt sich: Ein Puppenhaus ist ein Zierstück, an dem man sich nie sattsieht.

PUPPEN

Puppen werden seit vielen Generationen in aller Welt aus jedem erdenklichen Material hergestellt. Antike Puppen in Originalkleidung sind sehr schön anzusehen, aber es ist nicht leicht, einen guten Platz für sie zu finden, da man sie im Idealfall zum Schutz vor Staub und schädlichen Umwelteinflüssen hinter Glas aufbewahren sollte.

Am wertvollsten sind Puppen aus unglasiertem Biskuitporzellan. Sie wurden mit großer Sorgfalt hergestellt und sehen verblüffend lebensecht aus, weswegen Kinder sie besonders lieben. Die besten Stücke stammen aus Frankreich und tragen auf Kopf oder Rumpf den Herstellerstempel. Preiswertere gegossene Kopien wurden in großen Stückzahlen in Deutschland hergestellt und in der Regel mit der Gußformnummer versehen.

SPIELZEUG AUS BLECH UND ANDEREN METALLEN

Alte Metallspielsachen wie Zinnsoldaten, Modelleisenbahnen, Autos, Boote und Flugzeuge sind bei Sammlern sehr gefragt. Viele alte Modellautos verschaffen einem einen echten Eindruck von den damaligen Autotypen und den bevorzugten Farben. Blechspielzeug eignet sich, weil die Farben mit der Zeit verblaßt sind, hervorragend zu Dekorationszwecken und paßt sogar zu einer klassischen Einrichtung.

Wenn man viele alte, erinnerungsträchtige Spielsachen geerbt hat, fällt die Entscheidung schwer, welche man aufstellen und welche man auf dem Dachboden stehen lassen soll, da manche sehr viel Platz benötigen – man denke nur an Modelleisenbahnen. Manchmal empfiehlt es sich, ein Stück zu verkaufen und mit dem Erlös etwas Passenderes zu erwerben.

UNTEN *Verstellbare Regalbretter in der Ecke eines sonnendurchfluteten Kinderzimmers sind genau das Richtige für eine Sammlung von Modelleisenbahnen und zugehörigen Bahnhofsgebäuden.*

OBEN *Diese alte Puppe aus Biskuitporzellan sitzt in einem Puppenwagen aus emailliertem Blech, der aus derselben Epoche stammt.*

DEKORATIVE MÖBELSTÜCKE

DIE GROSSEN MÖBEL VERLEIHEN EINEM ZIMMER STRUKTUR UND GEBEN VOR, WO UND WIE SICH SEINE BEWOHNER TREFFEN UND IM RAUM BEWEGEN. ABER ERST DURCH DIE KLEINEN DEKORATIVEN EINRICHTUNGSGEGENSTÄNDE, DIE STRENGGENOMMEN GAR NICHT NOTWENDIG SIND – OB TISCHLAMPEN ODER BEISTELLTISCHE, BLUMENSTÄNDER ODER EINZELNE STÜHLE –, BEKOMMT DER RAUM SEINE UNVERWECHSELBARE INDIVIDUELLE NOTE.

KLEINMÖBEL

Es geht nichts über antike Kleinmöbel, wenn man ein Zimmer persönlich gestalten und eine sichtbare Verbindung zur Historie herstellen möchte. Überdies sind solche

UNTEN *In diesem Schlafzimmer setzt ein Toilettentisch mit auf-klappbarem Spiegel einen dekorativen Akzent. Der edel gearbeitete, teils vergoldete Japanlack-Tisch im französischen Stil wird flankiert von zwei passenden Stühlen.*

Stücke meist wertbeständig oder gewinnen sogar noch an Wert. Bis zum 17. Jahrhundert herrschte bei Möbeln das Nützlichkeitsprinzip. Reicher verzierte Möbel gibt es erst, seit Handwerker und Architekten begannen, auf Reisen fremde Stilrichtungen aufzugreifen und Vorlagenbücher zu veröffentlichen. Wohlhabende Hausbesitzer versuchten nun, sich gegenseitig durch den Besitz der jeweils neuesten Einrichtungsgegenstände zu übertrumpfen.

OBEN *Ein eleganter Konsoltisch aus vergoldetem Holz, verziert mit Guilloche-Ornamenten und Girlanden aus Blüten und Blattwerk*

MUT ZUM KOMBINIEREN

Leider verfügt nicht jeder über die Mittel, seine Wohnung mit wertvollen Antiquitäten einzurichten, und in manchen Fällen wäre das nicht einmal praktisch. Ein anderes Problem ist, daß Antiquitäten, die man im Laufe der Jahre zusammengetragen hat, vielleicht nicht gut zueinander passen. So würden schwere kontinentaleuropäische Barockmöbel mit eleganten klassizistischen Stücken aus England viel zu stark konkurrieren und kämen weit besser getrennt zur Geltung, eventuell in Verbindung mit modernen Möbeln.

In diesem Kapitel zeige ich Einrichtungsmöglichkeiten, die den Geldbeutel schonen. Durch die geschickte Verwendung von dekorativen Stücken, vielleicht auch der einen oder anderen echten Antiquität, müßte sich jeder gewünschte Effekt erzielen lassen. Bei neuen dekorativen Möbeln zu vertretbaren Preisen gibt es ein breites Spektrum, von bemalten Stücken über gute Reproduktionen bis zu Möbeln aus Korbgeflecht, Bambus oder Metall.

UNTEN *In diesem eleganten englischen Wohnzimmer steht an der Rückseite des Sofas ein Satinholztisch aus dem späten 18. Jahrhundert, der sich bei Bedarf aufklappen läßt.*

TISCHE UND SCHREIBMÖBEL

Kleine Tische sind äußerst vielseitig verwendbar. Oft dienen sie als dekorative „Lückenfüller" neben oder hinter einem Sofa oder Sessel, in einer Nische, seitlich von einem Kaminvorsprung oder als Blickfang am Ende eines Korridors. Praktische Funktionen erfüllen sie im Flur oder als Couchtisch zum Ablegen von Büchern und Tabletts.

BEISTELLTISCHE

Die beliebtesten antiken Beistelltische sind die dreibeinigen, zusammenklappbaren Teetische, auf denen ursprünglich Tee oder ein kleiner Abendimbiß serviert wurde. Teetische im Chippendalestil mit Schnitzwerk an den erhöhten Kanten der Tischplatte und an den Beinen können sehr kostspielig sein, doch schlichtere Ausführungen in Mahagoni oder Nußbaum sind durchaus erschwinglich. Ich verwende gern einen einfachen runden Tisch mit einer schönen Tischdecke anstelle eines antiken Stücks, aber wenn man für die Decke einen teuren Stoff wählt, kommt man leicht auf den Preis für ein einfaches antikes Tischchen.

UNTEN *In George Washingtons Haus in Mount Vernon, Virginia, steht dieser klassische Pembroke-Tisch (ein Klapptisch mit zwei halbrunden Platten an den Längsseiten). Die Stühle sind passend zum Sofa mit goldfarbenem Seidenbrokat bezogen.*

OBEN *Solch ein schwerer vergoldeter Konsoltisch macht sich gut vor einer schlichten weißen Wand. Die Schnitzornamente lassen vermuten, daß er ursprünglich für ein Eßzimmer gedacht war.*

RECHTS *Ein schwarzes Japanlack-Tablett mit niedrigem Untergestell als Couchtisch. Den runden Tisch aus Spanplatten ziert eine elegante Brokattischdecke mit Fransenborte.*

Beliebt sind auch bemalte Beistelltische. Es gibt sie in zahlreichen Standardformen, aber ein geschickter Handwerker fertigt auch einen Tisch nach Maß. Bei der Bemalung reichen die Möglichkeiten von rustikalen Sprenkelmustern über Holzmaserungen und Marmoreffekte bis zu prachtvollem Lack mit Goldverzierung.

Ich liebe alte Tabletts aus bemalter Tôle peinte oder aus Papiermaché, die zusammen mit einem Untergestell aus Bambusimitat oder einem ähnlich leichten, filigranen Material einen attraktiven Beistelltisch ergeben. Wenn man mit etwas Glück ein besonders großes Tablett findet, eignet sich dies ausgezeichnet für einen Couchtisch.

COUCHTISCHE

Passende Couchtische sind besonders schwer aufzutreiben, denn sie sind eine Erfindung unserer Zeit, und somit existieren natürlich keine echten antiken Stücke. Wenn man ver-

OBEN *Ein ungewöhnlicher niedriger Tisch aus einer alten Marmorplatte mit Zierkante. Als Untergestell dienen zwei steinerne Ziergiebel.*

sucht, einen Raum konsequent in einem historischen Stil einzurichten, muß man auf einen Couchtisch verzichten, aber heutzutage hat ein Wohnzimmer deutlich mehr praktische Anforderungen zu erfüllen. So bietet sich eine Mischung aus Alt und Neu an: ein Flügel eines alten Wandschirms oder eine alte Türfüllung unter Glas mit einem modernen Untergestell oder, wie gesagt, ein altes Tablett. Auch alte Stoffe oder Gobelins unter Glas eignen sich gut als Tischplatten.

Wer etwas Moderneres sucht, sollte zu Glas oder Acryl greifen, denn ein solches Tischchen paßt zu jeder Einrichtung und wirkt auch in kleineren Räumen so, als beanspruche es kaum Platz. Aus dem gleichen Grund eignen sich Glastische übrigens auch für kleine Eßzimmer. Ein Glastisch auf einem schön gemusterten Teppich hat zudem den Vorteil, daß man mehr vom Teppich sieht.

Ausgesprochen modern wirkt es, wenn man Glas mit Messing oder Chrom kombiniert, wobei Chrom und Glas meines Erachtens besser zu einer Büroeinrichtung passen. Schmiedeeiserne Untergestelle mit oder ohne Grünspan-Patina machen sich gut im Freien und in Wintergärten. Man kann sie eigens anfertigen lassen und mit einer Tischplatte aus Glas, Stein oder Marmor versehen.

SCHREIBTISCHE

Bei der Mehrzahl antiker Schreibtische waren rein ästhetische Gesichtspunkte ausschlaggebend: sie wurden entworfen als schöne Objekte für Amateurdichter, Brief- und Tagebuchschreiber und sind denkbar ungeeignet für unsere heutigen Computer, Faxgeräte und Telefone. Die ältesten Schreibmöbel waren die Schreibtische mit Knieloch. Sie sehen wie kleine Kommoden aus mit einer breiten Schublade oben, schmalen Schubfächern zu beiden Seiten und einem

UNTEN *Ein großer, niedriger Glastisch mit feinem Eisengestell bringt zusätzlichen Glanz in dieses sonnige Zimmer und läßt es geräumiger erscheinen.*

OBEN *Dieses goldverzierte Tablett aus Papiermaché ergibt mit dem passenden Untergestell aus Bambusimitat einen ebenso schönen wie praktischen Couchtisch.*

LINKS *Ein Architekten- oder Verwandlungstisch aus Wurzelnußholz, bei dem die Schreibfläche nach vorn herausgezogen wird und die Deckplatte sich schrägstellen läßt*

RECHTS *Bei diesem Schreibtisch (um 1850) soll eine Galerie verhindern, daß Papiere herunterfallen. Bei dem Stuhl handelt es sich um einen gut erhaltenen frühen Drehstuhl.*

UNTEN *Die Schreibkommode aus dem frühen 19. Jahrhundert dient jetzt als Toilettentisch. Die Schreibfläche läßt sich über den großen Schubladen herausziehen. Die kleinen Schubfächer dienten ursprünglich zur Aufbewahrung von Schreibutensilien, und höchstwahrscheinlich verbirgt sich irgendwo ein Geheimfach.*

etwas zurückgesetzten Schrankteil in der Mitte und waren meist aus stark gemaserten Hölzern wie zum Beispiel Nußbaum. Da sie zum Arbeiten zu klein sind, passen sie besser als Toilettentische ins Schlafzimmer.

Großer Beliebtheit erfreuten sich auch die Anfang des 19. Jahrhunderts aufkommenden Davenports – kleine Damensekretäre, bei denen eine schräge, oft von einer Messinggalerie gekrönte Arbeitsplatte mit Ledereinsatz über einer Reihe von seitlich zu öffnenden Schubladen sitzt. Sie und andere kleine Damenschreibtische eignen sich wunderbar als Lückenfüller, jedoch kaum noch als Schreibmöbel.

Um 1750 wurden bis heute beliebte, praktische Schreibtischtypen wie Partnerdesks, Flachpulte und Säulenschreibtische entwickelt (bei letzteren ruht die Schreibplatte auf zwei säulenförmigen Schubladenblöcken). Sie machen sich gut in jedem privaten Arbeitszimmer, vor allem mit einem Lederstuhl, der zu der ledernen Auflage paßt. Da sich der Stil dieser Arbeitstische nur wenig verändert hat, liefern wohl die Beine den besten Anhaltspunkt zur Altersbestimmung. Die ältesten Stücke haben schmucklose Beine mit

quadratischem Querschnitt, die sich nach unten hin verjüngen, bei späteren Exemplaren findet man elegant gedrechselte, manchmal auch geriffelte Beine. Schreibtische des späten 19. Jahrhunderts sind wuchtiger und haben kräftige gedrechselte Beine, die sich in die schweren neogotischen Interieurs jener Zeit einfügten.

SEKRETÄRE UND SCHREIBKOMMODEN

Schreibschränke (Sekretäre) und Schreibkommoden sind ausdrucksvolle, schöne Einzelmöbel. Beide beanspruchen einen Platz an der Wand und geben einen guten Blickfang ab; außerdem sind sie von echtem praktischem Nutzen.

Die meisten Sekretäre haben ein kommodenförmiges Unterteil und eine Klappe mit Scharnieren, die in geöffnetem Zustand auf zwei herausziehbaren Stützen aufliegt und als Schreibplatte dient. Aufsatzsekretäre haben zusätzlich einen schrank- oder regalförmigen Aufsatz. Sie passen sehr gut ins Wohnzimmer: Der Aufsatz eignet sich für Bücher oder eine Porzellansammlung, und die Klappe kann man nach Belieben offen lassen oder schließen. Schreibkommoden unterscheiden sich darin von Schreibschränken, daß bei ihnen die Arbeitsfläche wie eine schmale oberste Schublade aussieht und herausgezogen wird.

OBEN *Ein Rollbureau aus dem späten 18. Jahrhundert mit besonders schönen Messinggriffen. Originalbeschläge sollten niemals ausgetauscht werden, da dies den Wert eines Möbelstücks mindert. Überzählige Schraubenlöcher in den Schubläden und andere verräterische Anzeichen lassen auf später hinzufügte Teile schließen. Griffe deuten eher auf das 18., Knöpfe auf das 19. Jahrhundert hin.*

LINKS *Das Innenleben eines typischen Schreibschranks aus dem 18. Jahrhundert. An der Oberseite befinden sich herausziehbare Abstellflächen für Kerzen, und hinter den Türen oberhalb der Schreibfläche verbergen sich weitere Fächer.*

OBEN *Ein schöner Bücherschrank mit verglasten Türen zieht in jedem Raum die Blicke auf sich.*

Bei Aufsatzsekretären wie bei Schreibkommoden mit Aufsatz gilt es darauf zu achten, daß Ober- und Unterteil wirklich zusammengehören und nicht nachträglich kombi-niert wurden, was den Wert beträchtlich mindern würde. Es gibt sehr gute Nachbildungen von Schreibmöbeln aller Formen und Stilrichtungen, die erschwinglicher sind als Originale – und möglicherweise sogar praktischer. Bemalte Exemplare sind weder sonderlich attraktiv noch allzu praktisch, es sei denn für Kinderzimmer.

STÜHLE UND SCHEMEL

Es gibt viele Stühle, die ich als reine Dekorationsstücke bezeichnen würde, weil sie niemals zum Sitzen gedacht waren. Deshalb gehören sie statt ins Wohn- oder Eßzimmer in die Diele und ins Schlafzimmer, wo man sie zwar bewundern kann, aber nur selten benutzt.

Traditionelle Dielenstühle haben aufrechte, gerade Lehnen und ungepolsterte harte Sitzflächen. Sie standen direkt an der Wand und sollten wohl eher beeindrucken als zum Verweilen einladen. Die Lehnen waren oft mit derart kunstvollen Schnitzereien verziert, daß man sich kaum hätte bequem anlehnen können.

Dekorative Stühle waren bisweilen für spezielle Standorte konzipiert, so zum Beispiel die Eckstühle mit dreieckiger Sitzfläche und zwei Lehnen im rechten Winkel, die Anfang des 18. Jahrhunderts aufkamen. In die Kategorie unpraktischer, aber dekorativer Stühle gehören außerdem solche mit Muschelverzierungen, aus Geweihteilen oder aus hochkomplizierten verschlungenen Elementen.

OBEN *Zwei typische Dielenstühle mit gemalten Wappen. Oft waren die Wappen auch kunstvoll geschnitzt. Für solche Stühle nahm man im allgemeinen kostbare Hölzer wie Mahagoni. Dielenstühle gibt es meist paar- oder gruppenweise, da sie als Sitzgelegenheiten für in der Empfangshalle wartende Besucher dienten. In unbenutztem Zustand bildeten die reichverzierten Lehnen eine Art Wandschmuck.*

LINKS *Hier flankieren zwei schöne bemalte Stühle einen Kamin und sorgen so für ein ausgewogenes Bild.*

LINKS *Zwei englische Barockstühle (nach 1650). Die hohen Lehnen, das Geflecht und die Schnitzereien lassen niederländischen Einfluß erkennen.*

OBEN *Ein amerikanischer Stuhl aus bizarr geformten Ästen*

UNTEN *Dieser überraschend bequeme, dekorative Stuhl aus schwarz gebeiztem Holz und einem Binsengeflecht-Sitz stammt aus der Werkstatt des englischen Künstlers William Morris. Die schlichte Form ist typisch für die Arts-and-Crafts-Bewegung.*

Weitaus gefälliger sind die eleganten Lack- und Japanlackstühle aus dem frühen 18. Jahrhundert, vor allem solche mit Sitzflächen aus Rohr. Sie eignen sich ideal als Dekorationsstücke im Schlafzimmer oder (um einen harmonischen Gesamteindruck zu schaffen) zu beiden Seiten eines größeren Möbelstücks.

In der Epoche des Klassizismus wurden die Möbel dekorativer. In Anlehnung an französische und italienische Vorbilder zeigten die Stühle Motive wie Tierköpfe und -füße. Bequemlichkeit war gegenüber ästhetischen Gesichtspunkten von untergeordneter Bedeutung.

Das gleiche gilt für die Stühle aus der Zeit um 1900, deren Entwürfe oft von bedeutenden Designern wie zum Beispiel dem schottischen Architekten Charles Rennie Mackintosh stammten. Dabei handelte es sich mehr um Stilübungen als um praktische Sitzgelegenheiten, und so sollte man sie heute auch einsetzen.

ESSZIMMERSTÜHLE

Eßzimmerstühle wurden früher in der Regel im Satz von 14 Stück hergestellt – zwölf einfachen und zwei Armlehnstühlen. Heute werden solche Garnituren häufig auseinandergerissen und kommen als Sechser- bzw. Achtersatz (letzterer inclusive der zwei Armlehnstühle) in den Handel. Einen kompletten Satz alter Stühle zu finden ist äußerst schwierig, und wenn es doch gelingt, ist der Preis horrend. Meist wird ein Satz von sechs oder acht Stühlen ausreichen, und wer wirklich mehr benötigt, kann sich von einem geschickten Schreiner Nachbildungen anfertigen lassen, die für Laien kaum von alten Stühlen zu unterscheiden sind.

Ich rate meinen Kunden oft, unterschiedliche Stühle zu kombinieren, also entweder mehrere ähnliche Stuhlpaare zu kaufen oder gezielt auf Kontraste zu setzen. Wenn man beispielsweise einen Satz gute alte Stühle hat, kann man sie sehr schön abwechselnd mit hochlehnigen Polsterstühlen um den Tisch gruppieren.

OBEN *Eine Garnitur bequemer moderner Eßzimmerstühle mit einem klassischen Streifenbezug und hohen, mit blauem Moiréstoff bezogenen Rückenlehnen. Die Stoffe greifen die Gelb-, Rot- und Blautöne des Raums auf.*

RECHTS *Welche dieser Stühle original und welche Nachbildungen sind, läßt sich nicht entscheiden. Die ursprüngliche Polsterung ist unter hübschen weißen Sommerhoussen verborgen, die zu den bestickten Sets, den weißen Bodenfliesen und den hellen Steinwänden dieses edlen Interieurs passen.*

Nachbildungen von hochlehnigen Polsterstühlen sind eine sehr vernünftige Alternative zu antiken Stücken. Oft kann man die Stuhlbeine gegen einen geringen Aufpreis passend zum Stil der restlichen Einrichtung wählen, und man kann die Stühle auf vielfältige Weise polstern oder mit Houssen versehen, die die Lehnen oder die Beine oder beides verdecken. Der Vorteil von Houssen ist, daß sie sich leicht abnehmen und je nach Anlaß wechseln lassen.

Eßzimmerstühle müssen bequem sein, man braucht also entweder Polsterstühle oder Kissen. Kissen sind nicht nur

OBEN *Eine hochelegante Eßzimmergarnitur aus bemalten Holzstühlen samt Armlehnstuhl mit dezenter Polsterung, die das Stahlblau der Holzverzierung aufgreift*

bequem, sie setzen auch einen Farbakzent im Eßzimmer. Je nach Einrichtungsstil können sie mit kontrastfarbenen Paspeln oder Kordeln verziert und mit schlichten Stoffbändern, dekorativen Quastenschnüren oder verspielten Schleifen befestigt werden. Bezüge mit Reißverschlüssen kann man leicht abziehen und reinigen.

LINKS *Zwei viktorianische
Wandstühle flankieren hier eine Kommode mit Marmor-
platte. Solche Stühle wurden
in großen Stückzahlen fabri-
ziert, um in immer neuen Varianten die raffinierten Drech-
selarbeiten vorzuführen, die
mit den damals erfundenen
Maschinen möglich waren.*

UNTEN *Elegante französi-
sche Polsterstühle aus dem
späten 18. Jahrhundert mit
antiken Gobelinbezügen. Der
Stoff auf dem linken Stuhl
weist Risse auf, aber ich finde, es ist besser, die ehrwürdigen alten Stücke so zu lassen
und sich an ihnen zu freuen,
als sie neu zu beziehen.*

DIE KLASSIKER UNTER DEN SITZMÖBELN

Viele neue Stühle sind Nachbildungen von Entwürfen berühmter Kunsttischler des 18. Jahrhunderts wie der Engländer Thomas Chippendale und George Hepplewhite, nach
denen sie auch benannt werden. Diese eleganten Stücke
verleihen Einrichtungen eine klassische Note. Andere popu-
läre Formen stammen aus Frankreich, so die Armstühle und
Lehnsessel im Stil Ludwigs XV. und Ludwigs XVI., die ganz
unterschiedlich wirken können: Ein vergoldetes, mit Seidendamast bezogenes Stück paßt in einen herrschaftlichen
Salon, doch in gekälkter Eiche oder mit schlichtem An-
strich und modernem Bezugsstoff läßt sich der gleiche Stuhl
fast überall einsetzen.

SESSEL

Komfortable Sitzmöbel mit gepolsterten Sitzflächen, Arm-
und Rückenlehnen kamen Ende des 17. Jahrhunderts auf.
Eine der frühesten Ausführungen war der Ohrensessel im
Queen-Anne-Stil (Anfang 18. Jahrhundert) mit hochge-
zogenen Seitenteilen und seitlichen Kopfpolstern, die den

RECHTS *Eine große viktorianische Fußbank mit Wolldamast-Bezug und einer breiten Fransenborte dient hier als Couchtisch. Ein Tablett aus Tôle peinte sorgt für die feste Oberfläche, auf der man Gläser und Tassen abstellen kann.*

UNTEN *Ein ebenso bequemer wie eleganter Ohrensessel im häufig wiederaufgegriffenen Stil der Wende vom 17. zum 18. Jahrhundert. Das abgebildete Exemplar hat Querstreben, doch bei vielen findet man breite geschwungene Beine.*

Sitzenden vor Zugluft und der Hitze des offenen Kamins schützten. Solche Sessel, teils auch mit niedrigerer Lehne, stellt man auch heute noch gern an den Kamin. Am besten sehen sie mit schweren Bezugsstoffen wie Samt, Damast und Chenille aus.

Im 19. Jahrhundert erfreuten sich Sessel immer größerer Beliebtheit, denn damals galt Bequemlichkeit mehr als Eleganz, und so entstand eine Vielzahl von Sesseltypen, teils mit, teils ohne Armlehnen, oft mit halbrundem Rücken und vorn gerundetem Sitz, von denen heute viele wieder aufgegriffen werden. Aus diesen Vorläufern entwickelte sich der rundum gepolsterte Sessel, wie man ihn heute kennt.

SCHEMEL UND FUSSBÄNKE

Schemel sind wunderbare Dekorstücke und werden für meine Begriffe viel zu wenig verwendet. Den einfachen dreibeinigen Hocker gibt es schon seit Jahrhunderten. Verzapfte Schemel mit vier gedrechselten Beinen und einer stabilisierenden umlaufenden Zarge kamen Mitte des 16. Jahrhunderts auf. Diese schlichten Schemel – in der Regel aus Eiche

oder Ulme – hatten gerade Sitzflächen aus Holz (manchmal mit losen Kissen), waren jedoch nie gepolstert.

Polsterhocker kamen Ende des 18. Jahrhunderts auf. Nun wurden weniger robuste Hölzer wie zum Beispiel Nußbaum verarbeitet, damit sie zu den eleganten Salonmöbeln paßten, und die Beine waren nicht mehr einfach gedrechselt oder quadratisch, sondern oft breit und geschwungen, mit Vogelfüßen, die eine Kugel umklammern. Die Sitzflächen waren passend zu den Stühlen gepolstert und, in Viktoriani-

OBEN *Die Sessel (19. Jahrhundert) mit ihren Überwürfen aus alten Kelimfragmenten fügen sich ausgezeichnet in diesen prunkvollen, ganz in Rot gehaltenen Raum mit seinen handbemalten Wänden und Decken ein.*

scher Zeit, mit Polsterknöpfen verziert, damit sie zu den damaligen Sofas und Sesseln paßten. In jener Zeit kamen auch Fußbänke in Mode, bei denen die Polsterung oft sehr üppig und die Holzteile vergoldet waren.

Die meisten Schemeltypen kann man heute als Nachbildungen vergleichsweise günstig erstehen. Mit ihnen läßt sich mit wenig Aufwand große dekorative Wirkung erzielen, besonders, wenn sie originell bezogen sind, zum Beispiel mit Kelims oder einem anderen prächtigen Stoff. Schemel müssen nicht rechteckig oder quadratisch sein. Man findet auch runde, ovale, kleeblattförmige oder solche mit interessant gestalteten Ecken – Details, die dem Polsterer einiges Geschick abverlangen, aber einen Raum interessant machen.

Schemel sind darüber hinaus auch sehr praktisch. So bieten zum Beispiel Polsterschemel-Truhen mit Klappdeckel nicht nur eine zusätzliche Sitzfläche, sondern auch Stauraum und sind große Fußbänke mit glatter, straff gepolsterter Sitzfläche eine gute Alternative zum Couchtisch.

OBEN: *Eine Polsterschemel-Truhe als Couchtisch. Als Bezug wurde ein orientalisches Material gewählt, das sich gut einfügt – ein alter Teppich. Solche Schemel kamen in Anlehnung an die niedrigen, breiten Polsterbänke auf, die im 19. Jahrhundert außerordentlich populär waren, besonders in Interieurs im türkischen Stil, also vor allem Rauchzimmern.*

RECHTS *Ein größerer Gegensatz zu der Wärme und Üppigkeit des oben abgebildeten Zimmers ist kaum vorstellbar. Der hochelegante Empire-Schemel mit Scherenbeinen prägt diesen klassischstrengen Raum.*

GARDEROBENSTÄNDER

Garderobenständer kamen im 19. Jahrhundert auf und wurden zunächst aus Holz oder Gußeisen gefertigt. Antike Stücke sind modernen Nachbildungen vorzuziehen, denn sie sind wesentlich schwerer und kippen nicht so leicht um. Da sie einigen Platz brauchen, eignen sie sich nicht für kleine Stadthäuser mit engen Fluren. Hier sind Haken, die entweder direkt an die Wand geschraubt oder auf ein Stück Holz montiert werden, eine praktische Alternative. Wo immer möglich, sollte man antike Messinghaken und altes Holz wählen, die der Flurgarderobe ein wenig Charakter verleihen.

HUTSTÄNDER

Ein Hutständer läßt sich für alle möglichen Zwecke verwenden. Ich habe schon in Küchen Körbe sowie dekorative Knoblauch- und Zwiebelzöpfe an einen Hutständer gehängt und in Garderoben im Untergeschoß Hutständer mit Gummistiefeln, Handschuhen und Schals gesehen. Im Winter-

OBEN *Ein Blumenständer aus Bambusimitat dient in diesem eleganten Schlafzimmer als Lückenfüller. Wahrscheinlich war er ursprünglich als Kerzentischchen gedacht, denn er hat genau die richtige Höhe, um einen Tisch gut zu beleuchten. Das gedrechselte Kerzentischchen im Vordergrund dient auch heute noch seinem ursprünglichen Verwendungszweck.*

LINKS *Dieser Flur eines Landhauses hat Charakter. Als Garderobe dienen Wandhaken und eine passend angefertigte Ablage aus Kiefernholz darüber.*

UNTEN Ein gußeiserner Schirmständer im neogotischen Stil fügt sich harmonisch in dieses Wintergarteninterieur ein.

RECHTS Ein ausgefallener Spazierstock- und Regenschirmhalter aus Schmiedeeisen, der gewiß nicht dazu gedacht war, sich in einer dunklen Ecke zu verstecken. Die Einsätze, in denen sich das Wasser von den Regenschirmen sammelt, sind herausnehmbar.

OBEN Eine Sammlung aus Spazierstöcken, Floretten und einem Kerzenlöscher in einem zeitlosen Terrakottagefäß

garten kann ein gußeiserner Hutständer mit Blumenampeln sehr attraktiv wirken.

KERZEN- UND LAMPENTISCHCHEN
Guéridons und Torchères sind tragbare Tischchen, die früher für einen Kerzenhalter bzw. eine Lampe da hingestellt wurden, wo man sie gerade brauchte. Es gab sie in verschiedenen, teils prächtig verzierten Formen jeweils paarweise mit passendem Tisch und Spiegel. Heute finden sie eher als Blumenständer Verwendung, denn wir brauchen Kerzenhalter nicht mehr jederzeit und besitzen darüber hinaus selten solche, die groß genug sind, daß sie auf einem solchen Tisch nicht lächerlich aussehen.

SCHIRMSTÄNDER
Diese dekorativen und zugleich nützlichen Gegenstände lassen sich nur schwer zweckentfremden. Es gibt sie in den verschiedensten Materialien, darunter Eisen, Holz, Bambus, Messing und Porzellan, und für welchen Stil man sich entscheidet, hängt natürlich von der Umgebung ab. Ich per-

RECHTS *Dieses ungewöhnliche dreieckige Holzregal wurde wahrscheinlich speziell für eine Sammlung angefertigt. Heute stellt es Keramikkrüge zur Schau, denen eine Trompe-l'œil-Bemalung das Aussehen von Holz verleiht. Der urnenförmige Übertopf im Vordergrund rechts ist aus Hartholz gedrechselt.*

UNTEN *Ein hübsches metallenes Hängeregal mit Regency-Anklängen*

sönlich mag am liebsten solche aus Holz oder Messing. Moderne Schirmständer aus Porzellan, die meist aus Fernost oder Portugal kommen, sind keine schlechte Wahl für ein Stadthaus oder eine Wohnung; man muß nur die Farbe finden, die zur übrigen Einrichtung paßt.

ZIERSTÄNDER UND -REGALE
Mit einem antiken Notenständer kann man, vielleicht mit einem Buch oder einem Notenblatt darauf, eine kahle Ecke verzieren. Alte Rasiertischchen mit schwenkbarem Spiegel und einer kleinen Ablage sowie manchmal einem Fach mit Klappdeckel machen sich gut im Badezimmer oder in einer Garderobe.

Wandborde kamen Ende des 18. Jahrhunderts auf – bis dahin waren Regale entweder fest eingebaut oder Bestandteile von Bücherschränken oder Anrichten. Die frühen Exemplare waren einfach, meist aus Mahagoni, im chinesischen oder neogotischen Stil und mit durchbrochenen oder massiven Seiten. Sie waren meist recht klein und manchmal mit einem Schränkchen kombiniert, was sie ideal für Badezimmer macht.

Vielfach sind Wandborde auch mit zierlichen Brettern unterteilt – genau das Richtige, um eine Sammlung kleiner Objekte zu präsentieren. Mit einem Hängeregal, passend zur Einrichtung gestrichen oder in Naturholz, läßt sich jeder Raum verschönern.

TISCHLEUCHTEN

Lampen, die auf Tischchen oder auf einem Fensterbrett stehen, tragen wesentlich zur Atmosphäre eines Raums bei. Ihr Licht ist sanfter als das der Deckenbeleuchtung, und durch die Wahl des richtigen Schirms lassen sie sich in Stil, Farben und Lichtintensität der Einrichtung anpassen.

Die ersten elektrischen Lampen stammen aus dem späten 19. Jahrhundert; sie wurden damals in großer Zahl produziert und sind heute beliebte Sammlerstücke. Besonders dekorativ sind die Jugendstilleuchten von Tiffany, Lalique und Gallé. Echte Stücke sind sehr teuer, doch für einen Bruchteil des Preises lassen sich überzeugende Imitate finden.

ANTIKE LAMPEN

Antike Elektrolampen gibt es natürlich nicht. Als „antike" Lampen werden in der Regel umfunktionierte alte Vasen sowie Kandelaber, Gas- oder Öllampen bezeichnet, die für den Elektrobetrieb umgebaut wurden. Antike Vasen aus China oder einer der berühmten europäischen Porzellanmanufakturen lassen sich ganz einfach in eine Tischlampe verwandeln, indem man oben einen gedrechselten Sockel aufsetzt (so daß man nicht in das Porzellan bohren muß, was den Wert der Vase mindern würde) und darauf eine Messingplatte für die Fassung schraubt. Natürlich ist es nicht ratsam, dafür eine wertvolle antike Vase zu nehmen, denn sie verliert an Wert und könnte Schaden dabei nehmen.

LAMPENSCHIRME

Für meinen Geschmack sehen antike Lampen am besten mit traditionellen Seidenschirmen aus, obwohl in einer moderneren Umgebung auch Lackpapier gut passen kann. Die Form des Schirms hängt von Stil und Größe des Lampenfußes ab. Man sollte die Lampe dabeihaben, wenn man einen Schirm kauft, damit man sich nicht in den Proportionen verschätzt. Außerdem muß bei der Wahl des Schirms

OBEN *Eine vom Jugendstil inspirierte Lampe, deren Milchglasschirm an die alten Öllampen erinnert. Ihr sanftes Licht paßt wunderbar zu den dunkelgrünen Wänden, den opulenten Ölbildern und der stattlichen Uhr mit ihrem Zifferblatt aus Messing.*

LINKS *Tischleuchten, Wandlampen und der Feuerschein des Kamins schaffen in diesem gemütlichen Raum Lichtinseln, die viel schöner sind als eine gleichmäßige harte Beleuchtung.*

LINKS *Eine Messing-Tisch-lampe aus der Frühzeit des elektrischen Lichts. Ihr bieg-samer Arm ist so gedreht, daß sie das ernste Gesicht der Marmorbüste und die attrak-tive Sammlung von Ölbildern zur Geltung bringt.*

UNTEN *Den Fuß dieser Lampe bildet eine asiatische Bronzevase, zu der ein schlichter weißer Pappschirm das ideale Gegengewicht lie-fert.*

bedacht werden, wo die Lampe stehen und wieviel Raum der Schirm einnehmen wird.

Cremefarbene Seide sorgt für ein gutes, warmes Licht. Sie kann glatt über das Gestell gespannt, gekraust oder gefältelt und mit Litze oder einer Fransenborte verziert werden. Dunkle Seide schluckt das Licht. Man sollte sie daher nicht für Arbeitslampen verwenden, doch läßt sich damit eine wunderbar stimmungsvolle Beleuchtung herstellen.

Kandelaber wirken am besten, wenn jede Birne ihren ei-genen Schirm hat, denn nackte Glühbirnen blenden leicht, speziell auf Augenhöhe. Solche Schirme werden meist di-rekt über die Birne gesteckt und müssen deshalb aus hitzefe-stem Material sein.

Öl- und Gaslampen waren ursprünglich mit gläsernen Schirmen ausgestattet. Wenn man sie umbaut, sollte man versuchen, einen alten Glasschirm oder einen neuen in pas-sender Form zu finden.

MODERNE LAMPENFÜSSE

Hohe Säulenformen bieten sich bei wenig Platz an, bauchi-ge Urnenformen sehen hübsch aus, nehmen aber viel Platz ein. Füße aus einfarbiger oder gemusterter Keramik passen

OBEN *Hier wurden zwei vergoldete hölzerne Kerzenhalter in Tischlampen verwandelt. Die Schirme aus dunkler Pappe lassen fast kein Licht durch.*

fast überallhin, und das Angebot wächst ständig. Auch Holz ist ein beliebtes Material für Lampenfüße, und dank der modernen Technik werden selbst kunstvoll gedrechselte Stücke preisgünstig hergestellt. Man findet sie mit polierter Hartholzoberfläche und in verschiedenen Lackvarianten.

Messing paßt zu modernen ebenso wie traditionellen Leuchten, Laternen und Wandlampen; die Unterschiede in

Qualität, Verarbeitung und Preis sind allerdings beträchtlich. Massives Messing ist am edelsten, aber auch am teuersten. Messing mit Patina sieht immer besser aus als auf Hochglanz poliertes, besonders für traditionelle Lampenfüße, etwa in Säulenform. Messing ist ideal für Schreibtisch- und Stehlampen, denn sein Gewicht verleiht ihnen Stabilität. Heute findet man Modelle, bei denen auch der Schirm aus Messing besteht. Sie sind als Lese- oder Arbeitslampen sehr zu empfehlen, weil man den Schirm in alle Richtungen drehen kann.

Die herkömmlichen hölzernen Stehlampen sind nützlich, sehen aber leicht ein wenig bieder aus. Eine ebenso praktische wie attraktive Alternative wäre ein (meist aus poliertem oder lackiertem Holz mit Messing gefertigtes) Lampentischchen, das eine Stehlampe mit einer praktischen kleinen Ablagefläche kombiniert.

AUSGEFALLENE VARIANTEN

Im Augenblick sind Lampen in Mode, bei denen eine nach altem Vorbild, aber modern dekorierte Teedose aus Tôle peinte den Fuß bildet. Sie sind meist rot, grün oder schwarz lackiert und sehen ebensogut in klassischer wie in moderner Umgebung aus. Man findet auch Lampenfüße aus klarem, gefärbtem oder Milchglas, die in Verbindung mit Messing oder Silber sehr hübsch aussehen können und freundlich glitzern, wenn die Lampe brennt.

RECHTS *Klassische säulenförmige Lampenfüße aus poliertem Messing schimmern sanft im Licht der traditionellen Schirme.*

UNTEN *Hier gibt eine große Teedose aus Tôle peinte einen imposanten Lampenfuß ab. Der Rotton harmoniert gut mit dem Grün der Wand.*

ANDERE DEKORATIVE STÜCKE

RECHTS *Ein Stutzflügel in einem offenbar vielbenutzten Musikzimmer. Die drei antiken Notenständer sind schon für sich genommen wunderschöne Schmuckstücke. Die Leierform ist eine Anspielung auf Apoll, den Gott der Musik und des Gesangs.*

GANZ RECHTS *Der auf Hochglanz polierte Flügel wirkt in diesem imposanten schwarzweiß gefliesten Flur wie eine Statue. Auf einem solchen Stück macht sich ein eindrucksvolles Blumenarrangement besonders gut.*

Klaviere und andere Tasteninstrumente können ein eigenständiges Leben als dekorative Möbelstücke führen, selbst wenn nie jemand auf ihnen spielt. Ein Stutzflügel wirkt ausgesprochen elegant und gewinnt noch, wenn man zum Beispiel eine antike Stola auf ihm drapiert und ein paar hübsche Gegenstände präsentiert. Für einen Flügel von normaler Größe braucht man allerdings einen großen Raum, damit er wirklich zur Geltung kommt. Andere Tasteninstrumente, Cembali zum Beispiel, können sehr aufwendig mit kunstvollen Einlegearbeiten oder feinen Malereien gearbeitet und eine wunderschöne Zierde sein, selbst wenn sie nicht mehr spielbar sind.

Eine leere Ecke läßt sich mit einem hübschen Globus auf einem Ständer füllen. Ein Globus ist etwas sehr Nützliches, das man wie ein Barometer viel häufiger zu Rate ziehen wird, als man je erwartet hätte.

RECHTS *Auf dem eleganten Regency-Sofa ruht eine Gitarre mit Einlegearbeiten, rechts steht eine vergoldete, bemalte Harfe. An der Wende vom 18. zum 19. Jahrhundert erfreuten sich Harfen als Hausmusikinstrumente großer Beliebtheit.*

RUND UM DEN KAMIN

Bei einem Wohnzimmer ohne Kamin habe ich immer das Gefühl, es fehlt etwas. Ein Kaminfeuer sorgt im Winter nicht nur für zusätzliche Wärme, es geht auch etwas Behagliches, Freundliches von ihm aus, das auf Besucher einladend und entspannend wirkt, so daß sie sich auf Anhieb wie zu Hause fühlen.

Will man einen Kamin neu einrichten oder einen bestehenden ersetzen, dann ist es wichtig, unter den vielen angebotenen einen zu wählen, der zur Architektur des Hauses und zum Stil der Einrichtung paßt. Es muß nicht unbedingt dieselbe Epoche sein, doch Vorsicht: ein in Größe oder Stil aus dem Rahmen fallender Kamin kann die Wirkung eines Zimmers vollkommen ruinieren.

Bis zum 18. Jahrhundert waren Kamine nichts weiter als Schornsteinöffnungen mit einer schlichten Einfassung. Im Laufe des 18. Jahrhunderts, als die Häuser immer reicher ausgestattet wurden und das Dekorative bald von ebenso großer, wenn nicht größerer Bedeutung war als das Praktische, wurden auch die Kamine immer aufwendiger. Die Kamineinfassungen spiegelten Stil und Größe des Haushalts wider. In einfachen Häusern herrschten schlichte Einfassungen aus Holz oder Stein vor, während man in prachtvol-

UNTEN *Ein großer früher Kamin mit einer gußeisernen Ofenplatte, die das Mauerwerk schützt und die Hitze reflektiert. Im 17. Jahrhundert zeigten Ofenplatten oft mythologische Szenen.*

OBEN *Ein Feuerkorb im Stil des späten 18. Jahrhunderts, der eher für Kohle als für schwere Holzscheite konzipiert ist. Das Feuer brennt ein Stück über dem Kaminboden in dem Korb.*

len Wohnzimmern reichverzierten Marmor fand. Dabei griffen die Ornamente oft die Verzierungen der Stuckdecken und der Wände auf. In Herrenhäusern und Schlössern gestaltete der Architekt jeden Prunkraum nach einem anderen Konzept.

Die Kamine des 18. Jahrhunderts waren eher kleiner als ihre Vorläufer, weil nun Kohle an die Stelle von Holz als Brennmaterial trat. Entsprechend änderte sich auch die Innenausstattung der Kamine und ersetzten kleine Feuerroste oder -körbe die Feuer- oder Kaminböcke. Eingebaute Feuerroste kamen Anfang des Jahrhunderts auf, weil die freistehenden Roste, auf denen man die Holzscheite verbrannt hatte, zu groß und zu nahe an der Esse waren. Der Feuerkorb wurde zum Bestandteil des Kamineinsatzes und nahm nun die ganze Breite ein.

Gleichzeitig wurden die Kamingitter eingeführt, die vor das Feuer gestellt wurden, damit keine Asche oder Kohlen von dem erhöhten Rost fallen konnten.

SCHÜREISEN

Kaminbestecke bestanden aus Schürhaken, Kohlezange, Handfeger und kleiner Schaufel mit passendem Ständer. Heute verzichtet man manchmal auf den Ständer und nimmt statt dessen dekorative Kaminböcke zum Ablegen. Vornehme Häuser hatten meist Kaminbestecke aus Messing oder poliertem Stahl, während in bescheideneren Haushalten Gußeisen vorherrschte. Man sollte sich für eine der bei-

den Varianten entscheiden und sie nicht mischen, obwohl es auch Feuerkörbe gibt, die aus Stahl und Messing bestehen und bei denen dann eine dezente Mischung der Materialien bei den Schüreisen denkbar wäre.

OFENPLATTEN UND OFENSCHIRME

Gußeiserne Ofenplatten waren ursprünglich dazu da, das Mauerwerk hinter dem Feuer zu schützen. Sie waren freistehend und oft mit Familienwappen, Initialen oder einem Motiv verziert, das auch an anderer Stelle im Zimmer auftauchte. Heute verwendet man sie eher als Zierde (für die Rückseite oder die Seitenwände der Kaminöffnung). Läßt sich kein passendes antikes Exemplar auftreiben, kann man sich von einem talentierten Handwerker ein neues nach Maß anfertigen lassen.

Ofenschirme – nicht zu verwechseln mit den Schutzgittern, die man vor das Feuer stellt, damit keine Funken ins Zimmer fliegen – sollten die Gesichter der Damen vor der Hitze des Feuers schützen. Die an senkrechten Stangen befestigten verstellbaren Schirme gibt es schon seit Jahrhunderten, oft paarweise und vielfach kunstvoll bestickt. Andere Standschirme waren dazu da, daß man sie vor das Feuer setzte, um etwa einen im Sommer unbenutzten Kamin zu verdecken.

Die modernen Ofenschirme bestehen in den allermeisten Fällen aus Blech und sind wie eine Vase mit Blumen geformt, wobei letztere gemalt oder in Découpage-Technik aufgebracht sind.

OBEN *Ein ungewöhnlicher viktorianischer Kamin mit rundem Feuerkorb („Entennest"). Der Sims besteht aus der halbierten Platte eines Lampentisches und reichlich Stuck. Die Schüreisen sind aus Messing, davor eine altmodische kupferne Kohlenschütte.*

RECHTS *Ein gepolsterter Kaminsitz, auf dem man direkt am Feuer sitzen kann. Da er dem Feuer so nah ist, sollte man dafür nur schwer entflammbaren Stoff nehmen. Früher war Holz oder einfaches Leder üblich.*

OBEN *Ein höhenverstellbarer Ofenschirm, mit dem die Damen ihre zarte Gesichtshaut vor dem Feuer schützten*

TÜRBESCHLÄGE

Bis ins frühe 18. Jahrhundert waren Türbeschläge einfach, praktisch und stets aus Schmiedeeisen. Bei den ältesten Türangeln war ein Zapfen am Türpfosten befestigt, und ein langer Metallstreifen an der Tür griff über den Zapfen und drehte sich beim Öffnen oder Schließen der Tür um diesen. Im eleganten 18. Jahrhundert hatte man versenkte Türangeln aus Messing. Schnappschlösser mit Fallriegel, wie man sie heute noch an Cottage- und Stalltüren findet, waren die Regel, bevor Knäufe und Türgriffe aufkamen. Die ersten Kastenschlösser aus Messing stammen von Ende des 17. Jahrhunderts. Türknauf und Schloß saßen in einem Metallgehäuse, das auf die Tür geschraubt wurde. Frühe Versio-

LINKS *Eine Kassettentür mit fächerförmigem Oberlicht (18. Jahrhundert). Klopfer, Knauf und Griff aus Messing sind wahrscheinlich original, Briefschlitz und Klingel im Türrahmen kamen im 19. Jahrhundert hinzu.*

OBEN *Ein schmiedeeisernes Schnappschloß der Shaker: ein einfaches Stück aus Amerika, das voll und ganz seinen Zweck erfüllt*

RECHTS *Beschläge für eine Zimmertür, bestehend aus Griffblende, Griffen und Schloß. Das Familienwappen in der Griffblende ist mit Perlmutt eingelegt.*

OBEN *Drei originale Türklopfer aus dem 18. Jahrhundert mit Frauenköpfen; der rechte zeigt ein wenig einladendes Gorgonenhaupt mit den charakteristischen Schlangenhaaren.*

nen hatten einen Zugmechanismus zum Verriegeln, spätere meist Türgriffe und -knäufe. Da ein Türschloß nutzlos ist, wenn es nicht ordentlich funktioniert, sollte man sich beim Kauf eines alten Schlosses vergewissern, daß es gut restauriert worden ist.

KNÄUFE UND TÜRKLOPFER

Ende des 18. Jahrhunderts wurden die Türknäufe und -griffe dekorativer, und ihre Gestaltung wurde auf den Stil des

ganzen Hauses abgestimmt. Die Schlösser versah man mit Schlüssellochblenden und die Türen mit Griffblenden, was nicht nur für zusätzliche Zierde sorgte, sondern darüber hinaus das polierte Türholz vor Griffspuren und Beschädigungen schützte.

Türklopfer kamen in den verschiedensten Formen und Größen Anfang des 18. Jahrhunderts auf, Briefkästen und Klingeln erst wesentlich später. Heute findet man Türbeschläge in hunderterlei Ausführungen. Messing ist immer noch die beliebteste Variante, allerdings selten in massiver Form. Kunstvolle Messingbeschläge können sehr teuer sein, deshalb rate ich eher zu einfachen, aber eleganten Ausführungen. Es gibt ausgezeichnete Messinggießereien, die ein Stück nach Maß anfertigen, wenn man es passend zur Einrichtung braucht.

Türbeschläge aus Chrom machen sich gut in Küche oder Bad, wenn sie zu den Armaturen passen; bei entsprechenden Hähnen habe ich auch schon vernickelte Türknäufe genommen.

Ein Knauf aus glattem oder geschliffenem Glas kann sehr gut aussehen, vor allem im Schlafzimmer, und Knäufe und Griffblenden aus Porzellan machen sich besonders gut auf Türen aus unbehandeltem Holz.

TÜRSTOPPER

Einen ebenso praktischen wie dekorativen Türstopper kann man aus allem Möglichen anfertigen – aus einem stoff- oder filzbezogenen Ziegelstein oder einem polierten Feldstein. Im Flur sind Exemplare aus Schmiedeeisen oder Messing besonders beliebt, aber es gibt keinen Grund, warum man nicht eine Bronzeplastik, eine holzgeschnitzte Tierfigur oder einen Glasstein nehmen sollte, wie sie aus zusammengeschmolzenen Glasresten hergestellt werden.

TEXTILIEN

STOFFE BRINGEN FARBE UND TEXTUR IN EINEN RAUM UND VERLEIHEN IHM
PERSÖNLICHKEIT UND STIL. MANCHE, WIE ETWA ALTE GOBELINS ODER GE-
MUSTERTER DAMAST, LASSEN EIN WENIG DEN GLANZ VERGANGENER ZEITEN
ERAHNEN; ANDERE, ZUM BEISPIEL SCHWERER BROKAT AUS DEM 19. JAHR-
HUNDERT, SIND UNTRENNBAR MIT DEM STIL EINER EPOCHE VERBUNDEN.
EINFACHES LEINEN UND FRISCHE BLUMENDRUCKE ZEICHNEN SICH DURCH
BESONDERS VIELFÄLTIGE VERWENDUNG AUS, UND EIN SCHLICHTER WEISSER
BAUMWOLLSTOFF ODER EIN STÜCK SPITZE SIND VOLLKOMMEN ZEITLOS.

WANDBEHÄNGE

Antike Gobelins waren oft Spezialanfertigungen für Schlösser und Herrenhäuser und wurden aus Seide oder Wolle in Motiven gewirkt, die in einer Beziehung zur Geschichte ihres Besitzers standen. So zeigen zum Beispiel Wandbehänge in Blenheim Palace, dem Stammsitz meiner Familie in Oxfordshire, den Herzog von Marlborough in der Schlacht von Blenheim (Höchstädt). Für seinen Sieg über die Franzosen bekam John Churchill, der 1. Herzog von Marlborough, von Königin Anna (1702–1714) das Land und die finanziellen Mittel, um ein prunkvolles Denkmal und Schloß zu errichten.

Wertvolle Wandbehänge tragen oft den Namen der Manufaktur, aus der sie stammen, wie zum Beispiel die berühmten französischen Gobelins. Ihr Detailreichtum ist exquisit, und der warme Schimmer und die sanften Farben der Seide geben den Szenen zusätzliche Tiefe. Leider sind antike Wandbehänge für die meisten von uns unerschwinglich, doch es gibt Reproduktionen in den verschiedensten Größen. Sie machen sich besonders gut an einer großen Wand in einer Umgebung, wo man ein paar Schritte zurücktreten kann. Sie sollten entweder direkt an der Wand oder

LINKS Hier wurde ein weißer Seidenschal aus Spanien über dem Fenster an der Wand befestigt – ein ungewöhnlicher Querbehang, der den Sitzplatz auf der Fensterbank einrahmt.

UNTEN Ein bestickter Wandbehang aus Indien, mit versteckter Leiste an eine weißgetünchte Bruchsteinwand gehängt. An rustikalen Wänden machen sich Wandbehänge oft besser als Bilder.

OBEN Ein wunderschöner flämischer Wandteppich aus dem 17. Jahrhundert mit üppigem Pflanzen- und Vogeldessin. Typisch für Wandteppiche jener Zeit und Herkunft ist auch der breite stilisierte Rand. Eine passende Ergänzung bilden die Obst- und Gemüsearrangements.

an einer Stange hängen und an der unteren Kante beschwert werden. Für moderne Wohnungen eignen sich gemalte Wandbehänge besser – meist Leinwandbilder von einem Wandmaler. Die Bandbreite reicht von Landschaften in Trompe-l'œil bis zu abstrakten Motiven.

TEPPICHE, QUILTS, SCHALS UND ANDERE TEXTILIEN
Wer keine antiken Gobelins oder gemalten Wandbehänge sein eigen nennt, ja nicht einmal eine Wand hat, die groß genug dafür wäre, hat zahlreiche Alternativen. Im Grunde läßt sich jedes attraktive Stück Stoff an die Wand hängen – ob Stickerei, Tapisserie, alte Vorhänge oder ein Teppich. Man kann es auf einen Rahmen spannen, über eine Stange drapieren oder an Haken oder Ringen aufhängen. Einen ge-

musterten Stoff kann man raffen oder drapieren, doch ein Stoff mit künstlerisch gestaltetem Bildmotiv sollte glatt bleiben, damit das Bild zur Geltung kommen kann. Ausgefranste Kanten lassen sich mit einem passenden einfarbigen Stoff oder einer Litze einfassen.

Antike Patchworkdecken geben ebenfalls hübsche Wandbehänge ab, besonders die traditionellen amerikanischen Quilts.

LINKS *Folkloristische Flachgewebeteppiche und Überwürfe mit Insektenmuster prägen dieses eigenwillige Schlafzimmer. Der gemalte Wandbehang mit Reitern, die reichbestickten Kissen und die Crewelstickerei auf der Tagesdecke und dem Vorhang schaffen ein indisches Ambiente.*

UNTEN *Ein orientalisch anmutender Behang zieht sich hier über die gesamte Breite der Wand. Er ist an Ringen befestigt, die am oberen Saum festgenäht wurden.*

OBEN *In diesem uralten schottischen Haus mit Steinfliesen-boden sind die Wände mit einem Behang aus gemustertem Damast und einer Stoffbahn mit Crewelstickerei geschmückt.*

Auch aus schönen Teppichen lassen sich Wandbehänge machen. Empfindliche alte Stücke lassen sich an der Wand noch lange bewundern, ohne daß sie weiter abgenutzt werden und zerschleißen.

Antike Schals machen sich ebenfalls gut als Wandbehang. Auf Reisen sollte man immer Ausschau nach Tü-chern und schönen Stoffen halten, besonders in fernen Ländern wie Indien, Afrika oder Asien, wo man auf den Basaren oft die schönsten Stücke findet und sich angesichts der überwältigenden Auswahl kaum entscheiden kann.

Wandbehänge wirken am besten an weißen Wänden; eine Tapete könnte von ihren Farben und Mustern ablenken. Man kann sie mit Bildern und anderen Zierstücken an der Wand kombinieren, wobei es aber unbedingt ein gemeinsames Motiv geben sollte, das die unterschiedlichen Objekte zusammenhält.

TEPPICHE

Ob als Einzelstück auf einem Stein- oder Holzboden oder auch über einen Teppichboden gelegt: ein Teppich lenkt immer besonders viel Aufmerksamkeit auf sich. Alte – und auch viele neue – Teppiche sind wahre Kunstwerke, die Stil, Atmosphäre und Wärme in einen Raum bringen. Teppiche werden seit Jahrhunderten in allen Winkeln der Welt angefertigt; ihre Stile, Muster und Herstellungstechniken verraten uns ihre Herkunft.

ORIENTTEPPICHE

Die älteste und einflußreichste Teppichknüpftradition hat Persien, doch echte alte Perserteppiche sind schwer zu finden und oft nicht mehr in gutem Zustand. Besonders begehrt sind Stücke, die im 17. Jahrhundert in Isfahan produziert wurden, mit wollenem Flor und einem Grundgewebe aus Seide und Baumwolle. Ein anderer beliebter Knüpfteppich aus einer späteren Epoche Persiens ist der Heriz; er ist kunstvoll gemustert und wie alle guten Teppiche sehr strapazierfähig. Den Wert eines alten Perserteppichs bestimmen Alter, Erhaltungszustand, die Seltenheit von Mustern und Farben, die Knotendichte, der Zustand des Grundgewebes und die Florhöhe.

Hohe Qualität und phantasievolle Muster sind das Markenzeichen türkischer Teppiche. Aus der Türkei kommen

LINKS *Sanfte Pflanzenfarben, mit denen die Wolle oder Seide vor der Verarbeitung gefärbt wurde, sowie sein Alter machen den klassischen Reiz eines antiken Orientteppichs aus. Wenn der Teppich unter einem Tisch oder Schreibtisch zu liegen kommt, ist es ratsam, ihn von Zeit zu Zeit zu verrücken, damit er sich gleichmäßig abnutzt.*

UNTEN *Die Sitte, Teppiche als Tischdecken zu verwenden, kam im 16. und 17. Jahrhundert in den Niederlanden auf. Diese Variante bietet sich vor allem für kleine, empfindliche Teppiche an. Die hochlehnigen Schnitzereistühle mit Geflecht erinnern ebenfalls an diese Epoche.*

LINKS *Tischtuch und Teppich harmonieren perfekt mit den bezaubernden Farben des darüberhängenden Porträts, von denen dank des schlichten Weiß der Vorhänge und Jalousien nichts ablenkt. Die Farben des Teppichs wirken europäisch, während das Muster eindeutige Anleihen bei orientalischen Motiven macht.*

RECHTS *Ein moderner gewebter Kelim. Webteppiche sind dünner und weicher als Knüpfteppiche und eignen sich deshalb gut als dekorativer Sofaüberwurf. Es sind beidseitig verwendbare Flachgewebe, die man während der sonnigen Sommermonate umdrehen kann, um allzu starkes Ausbleichen der Pflanzenfarben zu verhindern.*

schon seit Jahrhunderten großartige flachgewebte Kelims und Florteppiche. Kelims sind beliebt und vielfältig einsetzbar; es gibt viele alte Stücke – darunter die wunderbaren seltenen Uschaks aus der Westtürkei –, doch auch die Vielfalt neuer Modelle ist verlockend. Moderne Kelims sind leicht zu finden und nicht teuer. Sie sehen in den meisten Umgebungen gut aus, vor allem auf Schilf- oder Sisalmatten, und machen besonders Flure freundlicher. Ein Kelimläufer läßt einen schmalen Korridor nicht nur kürzer und breiter erscheinen, er ist auch an einem vielbenutzten Ort ein prakti-

scher Schutz für Dielen oder Teppichböden. Beliebt sind auch die Teppiche aus dem Kaukasus, die hauptsächlich zwischen 1870 und 1920 entstanden und mit ihrem dichten Flor und den kräftigen Farben begehrte Sammlerstücke sind.

TEPPICHE AUS EUROPA

In Asien gab es praktisch keinen Volksstamm, der keine Teppiche herstellte, doch war das Teppichknüpfen und -wirken auch in Europa verbreitet, vor allem in Frankreich, wo

Muster und Techniken türkischen Einflüssen verpflichtet waren. Am bedeutendsten waren die Savonnerie- und die Aubusson-Teppiche. Die Savonnerie fertigte zwischen 1627 und 1825 nach orientalischen Techniken Teppiche mit großformatigen klassischen Szenen, die so beliebt waren, daß zahlreiche andere Manufakturen ihre Motive und schließlich auch ihren Namen übernahmen. Aubusson-Teppiche ähnelten eher Gobelins, es waren gewirkte Bildteppiche mit Motiven des 18. Jahrhunderts, die heute besonders gesucht sind, weil sie sich mit ihren sanften, ausgebleichten Farben in jede Umgebung einfügen und einen Raum alt und ehrwürdig wirken lassen.

Stickereiteppiche, wie sie heute noch in Portugal hergestellt werden, sind ein guter Ersatz für antike Teppiche. Allerdings sind die Farben anfangs, bevor sie mit der Zeit ein wenig verblassen, oft sehr intensiv und beherrschen leicht das Zimmer, so daß man sich bei der Farbwahl für die Einrichtung nach dem Teppich richten muß. Ich verwende sie eher in Fluren oder Schlafzimmern oder einem neutralen Bereich, wo sie die Hauptquelle für Farbe und Muster sind.

Man kann sich auch einen Teppich nach Maß anfertigen lassen, wobei es sich meist um solche mit aufgeschnittenen Flornoppen oder mit geschlossenen Florschlingen wie zum Beispiel Brüsseler Teppiche handelt. Diese Lösung empfiehlt sich für einen ungewöhnlich geschnittenen Raum, für den sich nur schwer fertige Teppiche finden lassen.

Sisal-, Kokos- und Schilfmatten sind robust, praktisch und sehen besonders auf Holz-, Stein- oder Fliesenböden gut aus. Einen Hauch Farbe kann ihnen eine Einfassung geben, die gleichzeitig verhindert, daß sie ausfransen.

Ganz gleich, auf welchem Boden sie liegen, Teppiche brauchen immer eine Unterlage, damit sie nicht wegrutschen oder sich zu stark abnutzen. Da es so viele verschiedene Ausführungen gibt, läßt man sich am besten in einem Fachgeschäft beraten.

OBEN *Ein strapazierfähiger Sisalteppich läßt sich wie ein Teppichboden verlegen. Er ist praktisch, leicht zu reinigen, gibt einen guten Untergrund für einen farbigen Teppich ab und ist längst nicht so hart und kratzig, wie man vielleicht denkt.*

RECHTS *Solche Stickereiteppiche kommen heute aus portugiesischen Fabriken. Im 19. Jahrhundert wurden sie in Heimarbeit hergestellt und aus bestickten Einzelteilen zusammengesetzt.*

GANZ RECHTS *Rot-Gold-Töne sind typisch für die französischen Teppiche des frühen 19. Jahrhunderts. Die schönsten kamen aus der Aubusson- und der Savonnerie-Manufaktur. Wie Kelims sind auch die Aubusson-Teppiche in Gobelinart gewirkt, haben also keinen Flor und sind daher weniger strapazierfähig. Klassisch sind stilisierte Blumenmuster und Arabesken.*

BETTÜBERWÜRFE UND TISCHDECKEN

Mit antiken Stoffen läßt sich ein Zimmer behaglicher machen. Mit ihren oft leicht ausgeblichenen, sanften Farben schmeicheln sie dem Auge und tragen so wesentlich zur Atmosphäre eines Raums bei. Oft genügt schon ein alter Paisley-Schal, der über die Lehne eines Sofas drapiert ist, oder ein nicht mehr ganz junger Teppich über der Lehne eines Ohrensessels. Leider werden alte Stoffe jeder Machart immer beliebter und folglich immer teurer.

SCHALS

Der beliebteste antike Überwurf ist der Kaschmirschal, der Ende des 18. Jahrhunderts nach Europa kam. Diese Schals wurden aus dem feinen Flaumhaar der Kaschmirziege gewebt und traditionell mit Botas (kegelförmige Blumenmotive) bestickt. Frühe Exemplare hatten die Form von Stolen, später waren sie quadratisch oder rechteckig. Die Europäer kopierten die Entwürfe und stellten die Schals maschinell her. Unter den frühesten Imitaten waren solche aus Paisley

OBEN UND RECHTS *Paisley-Schals als Tagesdecke (oben) bzw. Überwurf für ein Sofa (rechts). Das unverwechselbare Muster geht auf indische Stoffe zurück, die Grundform wird auf Pinienzapfen, Palmen, Mandelbäume oder Zypressen zurückgeführt. Königin Viktoria pflegte bestickte Kaschmirschals mit solchen Mustern zu tragen, und von da an verbreitete sich die Mode. Die Schals wurden nicht nur in Schottland, sondern auch in Frankreich gewebt.*

OBEN *Ein antiker rechteckiger Paisley-Schal mit cremefarbenem Grund als Überwurf auf einem modernen Polsterstuhl mit Segeltuchbezug. Alte Schals sind brüchig und sollten mit Sorgfalt behandelt werden.*

in Schottland, daher die Bezeichnung Paisley-Muster. Die Schals und die klassischen Paisley-Muster haben nichts von ihrer Beliebtheit verloren, ja sie sind derzeit sogar wieder besonders in Mode.

DECKEN FÜR BETTEN UND TISCHE

Antike Überwürfe geben auch schöne Tagesdecken ab. Selbst wenn sie nicht groß genug sind, um ein Bett ganz zu bedecken, machen sie sich gut als Quadrat oder Raute auf einer weißen Stoff- oder Spitzendecke. Sie können auch als Tischdecken verwendet werden oder als Überwurf über dem eigentlichen Tischtuch, der zum Essen abgenommen wird. Alte Spitze eignet sich hierfür sehr gut, paßt aber noch besser ins Schlafzimmer zu alten Quilts und zarter Stickerei.

KISSEN

Zierkissen mildern harte Kanten und geben jeder Art von Sitzgelegenheit, ob lässig oder formell, Farbe, Behaglichkeit und Stil. Um ein ausgewogenes Verhältnis zwischen Kissen und Polstern zu erlangen, braucht man ein gewisses Maß an Zurückhaltung und ein Auge für Formen und Muster. Die Kissenhüllen können mit den Möbelbezugsstoffen harmonieren oder auch kontrastieren, sie lassen sich aus alten Gobelins oder Stickereien, ja sogar Kelims oder Aubusson-Teppichen nähen. Kissenhüllen aus alten Gobelins sind in den letzten Jahren sehr in Mode gekommen, und entsprechend sind die Preise gestiegen. Eine Alternative bilden nach alten Vorbildern gefertigte Modelle, die für einen Bruchteil des Preises zu haben sind.

Einfarbige Stoffe lassen sich im Kontrast zu gemusterten

UNTEN *Zwei bestickte und zwei rote Damastkissen auf einem hübschen kleinen Sofa mit tiefrotem Samtüberwurf – ein ausgesprochen effektvolles Arrangement*

OBEN *Diese Kombination aus Kissen mit Gros-point- und Petit-point-Stickerei sieht bunt und einladend aus. Wer nicht sticken kann, kann zu gewebten Nachbildungen greifen.*

OBEN *Eine Sammlung von Kissen verschiedenster Herkunft aus modernem bedrucktem Baumwollstoff, Teppich-, Kelim- und Gobelinstücken sowie modernen Stickarbeiten. Wenn man sich seine Kissen selbst näht, sollte man Reste von Fransenbor- ten und alten Litzen stets zur Verzierung antiker Stoffe aufheben.*

verwenden, aber man sollte eine möglichst ähnliche Stoff- struktur wählen, also zum Beispiel einen gemusterten Chintz mit einem einfarbigen Chintz und nicht mit grobem Leinen kombinieren. Hat ein Kissen eine reichverzierte

Vorderseite, so wirkt eine einfarbige Rückseite besser, doch auch hier müssen die Stoffe zueinander passen; zu einer Vor- derseite aus Gobelin paßt eine Rückseite aus Samt oder Grobleinen.

GRÖSSE UND FORMAT

Bei einem gemusterten Kissen ist die Größe vom Bildmotiv vorgegeben. Das ist besonders wichtig, wenn man Stoffe oder Teppiche verwendet, die eigentlich für größere Forma- te gedacht sind. Ein Detail eines größeren Motivs wirkt oft

wenig überzeugend, während ein kleinteiliges Muster selbst beim kleinsten Kissen paßt. Noch das winzigste Stückchen Gobelin oder eine Stickerei, an der man vielleicht hängt, läßt sich mit einer passenden Stoffeinfassung in ein Kissen von vernünftigem Format verwandeln.

Verschiedene Größen, Formate und Muster wirken einladender und bequemer als mehrere gleiche Kissen in Reih und Glied. Die klassische Anordnung für ein Dreisitzersofa sieht fünf symmetrisch angeordnete Kissen vor, zwei Paare und ein einzelnes in der Mitte. In Sessel gehören nicht mehr als ein oder zwei Kissen – wenn es zu viele sind, fühlt der Benutzer sich leicht herausgedrängt.

Kissenfüllungen gibt es in allen erdenklichen Formen und Formaten. Am weichsten und kostspieligsten sind Daunenfüllungen, am vernünftigsten Mischungen aus Federn und Daunen, während Kissenfüllungen aus Schaumgummiflocken leicht klumpen und daher nicht zu empfehlen sind. Für ein dickes, prall gefülltes Kissen nimmt man eine Füllung, die zweieinhalb Zentimeter größer ist als die Hülle; wünscht man es weich und flach, sollte die Füllung gleich groß oder sogar ein wenig kleiner sein. Eine Füllung aufzutrennen und umzuändern kann sehr unangenehm sein; wenn man eine Hülle hat, in die keine handelsübliche Füllung paßt, sollte man sie sich lieber anfertigen lassen. Werden Kissenhüllen neu angefertigt, sollten sie Reißverschlüsse haben, damit man sie abnehmen und reinigen kann. Alte Kissen sind in der Regel von Hand zusammengenäht; zum Reinigen muß man sie auftrennen und die Füllung herausnehmen.

GANZ LINKS *Prächtige Goldstickerei auf schwarzem Samt. Die Goldborten und -stickereien lassen mit ihrem Funkeln und Glitzern einen Hauch von Tausendundeiner Nacht aufkommen.*

LINKS *Bestickte Kissen mit typisch viktorianischen Blumenmotiven auf dunklem Grund*

VERZIERUNGEN

Je kunstvoller der Stoff, desto einfacher sollten die Verzierungen sein. Eine Einfassung mit Zierkordel oder Seidenschnur ist ideal für antike Gobelinstoffe und Stickereien. Heute kann man Kordel mit einer Stoffkante kaufen, so daß sie mit eingenäht werden kann, statt daß man sie von Hand aufnähen muß. Chintzkissen mit Blumenmustern sehen gut mit einfarbig paspelierten Rüschenkanten aus, und Kissen aus steifen Stoffen wie zum Beispiel Kelim vertragen sich bestens mit Quasten und Fransen. Verzierungen müssen sich nicht auf die Kanten beschränken. Ein ungemusterter Stoff wird durch kontrastfarbene Borten interessanter. Verzierungen sind auch ein gutes Mittel, um in eine Sammlung verschiedenartiger Kissen Zusammenhalt zu bringen.

ALTE SPITZE

Hübsche Leinenkissen mit Spitze sehen wunderbar auf einem Bett aus. Alte Spitze ist meist Handarbeit und von unvergleichlicher Schönheit. Deshalb ist sie auch extrem empfindlich, sehr teuer und schwer zu finden. Als preisgünstigere Alternative bietet es sich an, Spitzenkissen aus Stücken, die man auf Flohmärkten finden kann, selbst zu-

OBEN Altes Leinen und alte Spitze in einem luftigen Schrank. Antike Stoffe sollten zwischen Lagen von säurefreiem Seidenpapier gelagert und lieber gerollt als gefaltet werden, da die Knicke das Gewebe brüchig werden lassen.

LINKS Ein adrettes Bett mit einem ganzen Regiment gestärkter weißer Kissen. Bettdecke und Kissen sind mit Durchbruchstickerei verziert.

126

OBEN *Hübsche weiße Spitzenkissen sind der Blickfang auf diesem Bett, das ohne sie leicht in einem Meer von blau-weißen Mustern verschwunden wäre.*

sammenzusetzen oder moderne Repliken zu kaufen, die täuschend echt aussehen können, gerade wenn man alte und neue miteinander kombiniert. Aus einem Stück antiker Spitze läßt sich ein attraktives Kissen machen, indem man die Spitze mit schlichtem weißem oder farbigem Stoff unter-

legt. Elfenbeinfarbene Spitze wirkt besonders kostbar auf einem blassen Hintergrund aus Seide oder Satin, der farblich zur Einrichtung paßt.

Es gibt nichts Einladenderes als ein Bett mit einer Tagesdecke aus alter Spitze oder altem Leinen, auf dem sich etliche antike Kissen in allen erdenklichen Formen und Größen drängen. Dabei haben weiße Kissen den Vorteil, daß sie zu allem passen und dem Schlafzimmer ein kühles, elegantes Flair verleihen.

VORHÄNGE

Der Stoff, mit dem die Fenster eingerahmt werden, ist meist der auffälligste Schmuck in einem Zimmer. Es gibt allerdings auch Fälle, wo man das Fensterdekor mit Rücksicht auf die anderen Einrichtungselemente möglichst einfach halten sollte.

Vor allem aber darf man den eigentlichen Zweck der Fenster nicht aus den Augen verlieren: Sie sollen Licht ins Zimmer lassen und den Blick nach draußen gestatten. Sie müssen sich zum Lüften öffnen lassen, andererseits aber auch bei Dunkelheit Sichtschutz und einen gewissen Schutz vor Wind und Wetter bieten.

Zuerst gilt es zu entscheiden, welcher Vorhangtyp sich am besten für ein bestimmtes Fenster eignet: Sollten die Vorhänge schmucklos sein, verlangt die Umgebung nach einem verschwenderischen Dekor mit Querbehang, oder wäre vielleicht eine Jalousie das Richtige? Als nächstes muß der Abstand zwischen Fenster und Vorhang bestimmt werden: Wieviel Raum steht darüber und darunter und beiderseits des Fensterrahmens zur Verfügung, wo lassen sich Vorhang-

OBEN *Mein Schlafzimmer liegt in einer ausgebauten Mansarde, und die Fenster sitzen in einer schrägen Wand. Ich hatte mir in den Kopf gesetzt, die Fenster mit diesem Stoff zu drapieren, aber Vorhänge waren an einer solchen Wand nicht praktikabel. Diese schabrackenartige Fensterdekoration, ein sogenannter Lambrequin, ist für meine Begriffe die perfekte Lösung.*

LINKS *Hier kommen Fenster mit prachtvollen Proportionen durch einfache und doch opulent wirkende Vorhänge mit phantasievollen Zierpolstern und Kordeln wunderbar zur Geltung. Ein konventioneller Querbehang hätte den oberen Teil verdeckt und die grandiose Wirkung der Fenster deutlich geschmälert.*

OBEN *Eine Terrassentür benötigt keinen Vorhang, wird aber ohne Zweifel noch verschönert, wenn wie hier ein antiker Schal über einer alten hölzernen Gardinenstange sie einrahmt.*

schiene oder -stange befestigen, und kann man das Fenster auch dann noch öffnen, wenn sämtliche Draperien angebracht sind?

DIE PROPORTIONEN

Wo immer möglich, sollten Form und Eigenart eines Fensters sichtbar bleiben. Funktionstüchtige Läden sollte man behalten und benutzen. Hat das Fenster eine bogenförmige Rundung, gilt es diese durch einen Vorhang oder Querbehang zu betonen; es wäre schade, sie zu verstecken.

Wenn die Proportionen der Fenster nicht zu den Maßen des Zimmers passen, kann der Vorhang Ausgleich schaffen. Hat man zum Beispiel bei einer hohen Decke ein eher breites, kurzes Fenster, läßt sich durch einen hoch angebrachten

Querbehang und lange Vorhangbahnen der Eindruck eines schmalen, eleganten Fensters erwecken, während eine Stange direkt über dem Rahmen mit kurzen Vorhängen das Mißverhältnis noch betonen würde. Bei zwei verschieden großen Fenstern an einer Wand kann man durch identische Vorhänge den Eindruck erwecken, sie seien gleich groß.

VORHANGSCHIENEN UND -STANGEN

Ich will in diesem Abschnitt nicht näher auf die Anfertigung von Vorhängen eingehen, denn das würde zu weit führen. Es sind allerdings einige grundsätzliche Entscheidungen über Accessoires und Vorhangstoffe zu treffen, die entscheidenden Einfluß auf das Aussehen eines Fensters haben. Eine gewöhnliche Vorhangschiene funktioniert gut, ist aber unattraktiv, und wo immer möglich kaschiere ich sie oder suche nach einer dekorativeren Lösung. Bei Querbehängen ist die Schiene immer hinter der Schärpe verborgen. Will man eine konventionelle Schiene unter Verzicht

OBEN *Eine Fensterfront wie diese braucht einen möglichst schlichten Vorhang. Diese bildhübschen Exemplare hängen an einer Stange aus poliertem massivem Messing.*

auf einen Querbehang verbergen, dann wäre die einfachste Lösung eine mit dem Vorhangstoff bezogene Blende, hinter der alles verschwindet.

HÖLZERNE GARDINENSTANGEN

Gardinenstangen sind die beste Alternative zu einer Schiene. Normalerweise hängt die Gardine an frei beweglichen Ringen, aber die Ringe können auch fest mit einem Kordelzug im Inneren der Stange verbunden sein, was bei schweren Vorhängen oder breiten Fenstern das Auf- und Zuziehen erleichtert. Einfache Gardinenstangen sind in verschiedenen Hölzern oder in Weiß und in Durchmessern zwischen zweieinhalb und fünf Zentimetern erhältlich. Meist kauft man sie zusammen mit Halterungen und Ringen, und natürlich lassen sie sich genau auf die benötigte Breite zurechtsägen. Ich verwende überwiegend Messinghalterungen, die in den meisten Fällen eleganter wirken. Bei einer lackierten Stange sollte man allerdings ebensolche Halter nehmen.

Dickere Stangen, solche in ausgefalleneren Holzsorten sowie glatte, geriffelte, kannelierte oder geschnitzte Modelle mit unterschiedlichen Endstücken sind in Fachgeschäften zu finden. Die Stangen lassen sich passend zu jedem Holz beizen bzw. einem bestimmten Farbschema entsprechend lackieren, und wenn die Fenstergestaltung danach verlangt, kann man sie auch vergolden.

Antike Gardinenstangen sind schwer zu finden, sie werden meist nicht die richtige Länge haben, und viele sind morsch. Aber in jedem Buch über den Umgang mit Pinsel und Farbe kann man nachlesen, wie man neue Gardinenstangen so bemalen kann, daß sie wie alte aussehen.

GARDINENSTANGEN AUS MESSING ODER SCHMIEDEEISEN

Messingstangen passen besonders gut zu großen, schweren, auffälligen Vorhängen. Am schönsten sind solche aus massivem Messing, das man polieren und lackieren kann. Neue Stangen funkeln oft ein wenig zu sehr, doch im Laufe der Zeit entwickeln sie eine wundervolle Patina. Goldeloxierte Modelle sind leichter, altern jedoch weniger schön und sehen nach einer Weile abgeschabt aus. Einer billigen Messingstange würde ich immer eine hölzerne Gardinenstange vorziehen.

Gußeiserne Stangen wirken rustikal, ich verwende sie mit großem Erfolg in altmodischen Küchen und Badezimmern. Wenn sich keine passende finden läßt, kann ein guter Schmied sie nach Maß anfertigen. Das Eisen muß nicht unbedingt tiefschwarz sein, man kann es auch schwärzlich oder grün patinieren oder passend zur Einrichtung in einer anderen Farbe streichen.

UNTEN *Ein edles Fenster. Der Querbehang besteht aus einer drapierten Stoffbahn, die Schiene für die überlangen Vorhänge verläuft verdeckt dahinter.*

RECHTS *Mit einer solchen Schabracke läßt sich ein schöner Vorhangstoff, dessen Muster sonst in den Falten verschwände, ideal zur Geltung bringen.*

UNTEN *Ein elegant drapierter, fransenbesetzter Querbehang in einem prachtvollen Erkerfenster. Gedämpfte Farben sorgen für eine ruhige Stimmung, wobei Farbe und Muster eher von den Teppichen und Sitzpolstern herrühren als von den Wänden und Gardinen.*

HÖLZERNE VORHANGLEISTEN

Geschnitzte hölzerne Vorhangleisten kamen im 18. Jahrhundert auf und waren in vornehmeren Häusern vergoldet und reich verziert. Oft wurden sie vom Architekten passend zur übrigen Ausstattung entworfen. Bei gerundeten Fenstern waren sie dem Bogen angepaßt. Manchmal griffen sie ein Motiv der Ausstattung auf, ahmten zum Beispiel gotisches Maßwerk oder die filigranen Verzierungen einer chinesischen Pagode nach.

Antike Vorhangleisten sind schwer aufzutreiben, da sie erfreulicherweise meist in den Zimmern geblieben sind, für die sie hergestellt worden waren. Einfachere Profilleisten lassen sich leicht reproduzieren, doch für ein kunstvoll geschnitztes Stück braucht man einen Fachmann; es gibt Firmen, die sich darauf spezialisiert haben.

Eine einfache Schiene, die dem Lauf der Kranzleiste folgt, kann ein Schreiner anfertigen. Die Größe sollte im richtigen Verhältnis zu den Proportionen des Fensters stehen. Manchmal braucht man nur die Kranzleiste vor dem Fenster ein wenig nach vorn zu versetzen, so daß ein Kasten entsteht, in dem die Schiene und die Befestigung der Vorhänge

LINKS *Eine kleine, doch kunstvoll geschnitzte Bettkrone aus vergoldetem Holz hält hier einen einfachen gestreiften Baumwollbetthimmel. Der Stoff ist seitlich über holzgeschnitzte vergoldete Halter drapiert.*

UNTEN *In einem anderen Schlafzimmer desselben Hauses erinnern die Bettkronen eher an Königskronen und ist der Stoff seitlich mit Messinghaltern fixiert. Die übrige Einrichtung ist betont schlicht gehalten.*

verschwinden. Diese Lösung bietet sich für getäfelte Zimmer an, weil man die Stange oder Schiene dann nicht auf die Täfelung setzen muß.

BETTHIMMEL

Bettkronen, also die kronenförmigen Aufsätze über einem Bett, die den Betthimmel tragen, kommen in der Regel nur in Schlafzimmern vor, aber gelegentlich findet man sie auch in Wohn- oder Arbeitsräumen. Eine verkürzte Variante des Baldachins erfüllt den gleichen Zweck, ist aber anders geformt: Dabei handelt es sich um einen rechteckigen Kasten, der sich über die ganze Breite des Bettes erstreckt.

Betthimmel gibt es schon seit Hunderten von Jahren, doch bis Ende des 18. Jahrhunderts dienten sie als Schutz vor Zugluft rein praktischen Zwecken. Dann aber entwickelte sich überall in Europa die Hauseinrichtung zum Statussymbol, und in den großen Häusern wurden Bettkronen, Baldachine und Himmelbetten passend zu den Vorhangleisten reich mit Schnitzereien verziert. In Frankreich kamen Kuppeln in Mode, an denen der Betthimmel befestigt war, was den Eindruck des Grandiosen noch verstärkte.

OBEN *Ein wunderbar schlichtes amerikanisches Himmelbett.*
Der Betthimmel ist weiß wie die Bettvorhänge, die Rüschenver-
zierung greift die Farben der Quilt-Tagesdecke auf.

LINKS *Dieses bezaubernde Alkovenbett im französischen Stil*
(18. Jahrhundert) wird gekrönt von einem Baldachin aus Brokat
und geblümtem Chintz mit einer quadratischen Bettkrone.

An Stoffen fanden für diese kostbaren Betthimmel Seide,
Damast, Brokat und Taft Verwendung, die in der Regel mit
handgefertigten Seidenschnüren und -quasten verziert wurden. Diese Ausstattungen sind heute nicht nur sündhaft
teuer, sondern würden auch völlig unzeitgemäß wirken.
Aber man muß ja nicht solche Extreme wählen, sondern
kann für einen Betthimmel auch einen gemusterten oder
einfarbigen Baumwollstoff nehmen. Die Stoffkanten lassen
sich mit einfarbigem Stoff einfassen oder mit Borten oder
Fransen besetzen. Wichtig ist, daß das Bett nicht zu groß für
das Zimmer ist.

Nachbildungen von geschnitzten hölzernen Bettkronen
und Baldachinen sind relativ leicht zu finden, etwa bei Fir-

men, die hölzerne Vorhangstangen liefern. Eine Alternative wäre eine Messingbettkrone mit passenden Gardinenringen, und die einfachste Lösung ist eine stoffbezogene Bettkrone aus Spanplatten.

ALTE VORHANGSTOFFE
Die Atmosphäre, die ein antiker Stoff schafft, läßt sich mit modernen Textilien kaum erzielen. Deshalb sind alte Vorhänge sehr gefragt, und so werden sie immer rarer, besonders ganze Bahnen, die gut genug erhalten sind.

Alte Textilien sind sehr empfindlich. Licht, Staub, Luftverschmutzung und unsachgemäße Reinigung haben alle dazu beigetragen, daß sie nach jahrzehntelangem Gebrauch in schlechtem Zustand sind, und wenn man sie noch für ein paar weitere Jahre erhalten will, muß man sie mit großer Vorsicht behandeln. Antike Vorhänge sollten nur da aufgehängt werden, wo sie nicht direktem Sonnenlicht ausgesetzt sind. Ausgefranste Kanten sollte man (wenn die Größe es zuläßt) neu säumen. Es zahlt sich auch aus, sie von einem Spezialisten reinigen und Futter und Einlage erneuern zu

LINKS *Ein farbenfroher Vorhang aus einem alten Kelim. Die dünne hölzerne Gardinenstange wurde durch einen breiten Saum geführt und mit Messinghaltern befestigt.*

RECHTS *Diesen antiken Vorhang mit wunderschöner Lebensbaum-Stickerei hat man vorsichtig auf ein Futter gesetzt, an dem auch Kräuselband und Haken befestigt sind, so daß das wertvolle Stück weder durch Zug belastet noch von der Sonne ausgebleicht wird.*

UNTEN *Ein prachtvoller Schlafzimmervorhang aus alter Häkelspitze. Auf dem Tisch zwei perlenbesetzte viktorianische Nadelkissen.*

lassen – es sei denn, der Stoff würde das Auftrennen der Nähte nicht überstehen; dann sollte man ihn am besten lassen, wie er ist.

MODERNE STOFFE

Zum Glück werden auch heute noch prachtvolle Stoffe in der Tradition der Damast-, Taft-, Seiden-, Brokat-, Samt- und Chenillestoffe vergangener Zeiten gewebt. Reichtum und Tiefe der Farben sind vielleicht nicht mehr ganz die gleichen, und der Kosten und der Strapazierfähigkeit wegen haben sie in der Regel einen beträchtlichen Kunstfaseranteil. Doch es gibt in Europa (sowohl in Großbritannien als auch auf dem Kontinent) noch eine Handvoll Handwebereien, deren hochwertige Stoffe für sich sprechen. Mit solchen Textilien, einem Vorrat an alten Gardinenstangen sowie dem richtigen Zubehör von Versteigerungen und aus Antiquitätenläden läßt sich ein historischer Fensterschmuck getreu nachbilden, wie es heute bei der Restaurierung historischer Bauwerke mit großem Erfolg, wenn auch beträchtlichen Kosten getan wird.

LINKS *Ein wunderbarer antiker Damastvorhang, der sein Alter nicht verleugnet. Textilrestauratoren binden bisweilen einen alten Stoff mit einer Lage hauchfeiner Gaze, die verhindern soll, daß er sich weiter auflöst. Der wunderschöne quastenverzierte Raffhalter ist ebenfalls antik.*

UNTEN *Dieser schwere helle Brokatvorhang wird von einem exquisiten viktorianischen Raffhalter mit handgefertigen Seidenblumen gehalten.*

Wenn man etwas wirklich Eindrucksvolles schaffen will, ohne sich dabei zu ruinieren, sollte man in Verzierungen und Zubehör investieren und für den eigentlichen Vorhang einen einfachen Leinen- oder Baumwollstoff nehmen. Mit hübschen Fransenborten und quastenverzierten Haltern sieht auch der einfachste Stoff, wenn man ihn großzügig genug schneidet, einfach hinreißend aus.

RAFFHALTER
Vorhänge sollten sorgfältig aufgehängt und so drapiert werden, daß sie im geöffneten wie im geschlossenen Zustand gut aussehen. Dafür sind Raffhalter von Nutzen, die die Vorhänge im geöffneten Zustand halten. Zur meisten Vorhangzier – Kordeln, Fransen, Borten und dergleichen – gibt es passende Raffhalter. In der Regel bestehen sie aus Kordeln und haben

OBEN *Die Halter dieser eindrucksvollen roten Vorhänge sind passend zu der dunklen Holzvertäfelung gebeizt oder gestrichen. Die Gardinenstangen sind schmal und unauffällig, so daß man sie kaum wahrnimmt.*

manchmal ein oder zwei Quasten. Quasten gibt es in den verschiedensten Formen, Ausführungen, Qualitäten und Preisklassen.

Messinghalter oder -haltestangen sind eine andere Möglichkeit, einen Vorhang zu raffen. Wenn die Stangen aus Holz sind, können sie stoffbezogen sein und bisweilen am Vorderende eine Schleife oder Rosette aus dem gleichen Material aufweisen.

Wichtig ist immer, daß der Halter auf der richtigen Höhe im Verhältnis zum Fenster angebracht wird. Letztlich ist es eine Frage des persönlichen Geschmacks, aber ein wenig unterhalb der Mitte ist meist die beste Stelle. Auch die Position der Haken, an denen der Raffhalter sitzt, ist von Bedeutung. Der äußere von beiden sollte in einer Linie mit der Außenkante des Vorhangs sitzen, und bei größeren Vorhängen sind zwei Haken pro Seite empfehlenswert, vor allem wenn Halter mit dicken Kordeln genommen werden. Haken gibt es in diversen Größen und Formen, und es ist auch nicht schwer, antike zu finden, aber sie müssen eigentlich nicht sonderlich dekorativ sein, denn meistens sieht man sie ja nicht.

Steckt der Stoff im Raffhalter, kann man ihn locker drapieren, so daß er üppiger wirkt. Wenn ich Raffhalter verwende, nehme ich gern lange Vorhänge, die auch gerafft noch bis zum Boden reichen.

WAND- UND DECKENBESPANNUNGEN

Stoffbespannungen als Wandschmuck erfreuen sich seit Jahrhunderten in vornehmen Häusern, besonders auf dem Kontinent, großer Beliebtheit. Sie sind zwar teurer als Farbe oder Tapete, haben aber ihre Vorzüge: Mit Stoff kann man Mängel an Wänden und Decken kaschieren, er wirkt schall- und wärmeisolierend und schafft zudem eine behagliche Atmosphäre.

DIE STOFFWAHL

Es sollten nur schwer entflammbare Textilien verwendet werden, die mit einem Mittel imprägniert sind, das sie vor Staub, Rauch und Ausbleichen schützt. Bei direkter Sonneneinwirkung kann der Lichtschutz allerdings nicht perfekt sein. Nicht alle Stoffe sind für Wände geeignet; manche sind zu dehnbar oder passen im Muster nicht. Streifenmuster sind zum Beispiel nur sehr schwer auszurichten. Damast, Seide und Moiré sehen wunderbar aus, sind aber sehr teuer, und da sie im Sonnenlicht ausbleichen und zerschleißen,

OBEN In diesem prachtvollen Wohnzimmer sind die Wände mit Seidendamast bespannt, dessen Kanten hinter hölzernen Kranzleisten und Pilastern mit Marmorimitat-Bemalung verschwinden. Ein Springrollo vor dem Fenster hält das schädliche Sonnenlicht ab.

LINKS Ein anheimelnder Winkel mit exotischem Flair. An den Wänden hängen ringsum Paisley-Schals, die zu den orientalisch geprägten Möbeln und Bildern sowie der Baldachindecke mit üppigem Faltenwurf passen.

RECHTS Eine mit tiefrotem Damast bespannte Wand. Die Kanten sind mit verzierten vergoldeten Leisten geschmückt.

braucht man zu ihrem Schutz Jalousien oder Fensterläden. Kräftige dunkle Rot-, Grün- und Goldtöne machen sich besonders gut mit Ölbildern und antiken Möbeln. Man muß nicht unbedingt die ganze Wand bedecken; es sieht sogar oft besser aus, wenn der Stoff nur von Sockelhöhe bis zur Deckenleiste reicht. Den Sockel kann man passend zur Wandbespannung oder in einer geschickt gewählten Kontrastfarbe streichen.

DIE BEFESTIGUNG VON WANDBESPANNUNGEN

Textiltapeten und Filz kann man direkt auf die Wand kleben; für die Kanten eignen sich Borten, Litzen oder dergleichen. Traditioneller ist die Methode, Latten zu montieren und dann zuerst einen Futterstoff und anschließend die bahnenweise zusammengenähte eigentliche Wandbespannung aufzubringen. Die Kanten werden wiederum mit Borten, Kordeln oder (eventuell vergoldeten) Holzleisten verdeckt. Diese Arbeit ist nichts für Heimwerker, denn das exakte Spannen des Stoffs ist schwer. Ich würde es einem Fachbetrieb überlassen. Einfacher ist es, Kunststoffstreifen an der Wand anzubringen und den Stoff dahinterzuklemmen. Dadurch erhält man saubere Kanten, die nicht weiter verziert werden müssen.

Wandbespannungen können auch plissiert, gerüscht oder oben und unten über eine Stange gezogen und in großzügigen Falten drapiert werden. Diese Verfahren sind natürlich

UNTEN *Hier wurde die Wandbespannung passend zum Querbehang des Fensters drapiert.*

OBEN *Der Schimmer dieser Wandbespannung aus Seidenmoiré ließe sich mit keiner Tapete erreichen.*

teurer, weil man mehr Stoff braucht, und das Ergebnis sieht zwar eindrucksvoll aus, ist aber schwer sauberzuhalten, denn in den Falten sammelt sich der Staub.

BALDACHINDECKEN

Für Decken gilt im Grunde das gleiche wie für Wände – auch hier erfüllen textile Bespannungen praktische wie ästhetische Zwecke. Mit einem Stoffbaldachin oder einer locker hängenden Stoffbahn läßt sich eine zu hohe Decke absenken, ein kühl wirkendes Zimmer wohnlicher gestalten oder in einem Teil des Raums eine behagliche Atmosphäre schaffen. Außerdem fungieren sie als Schallschutz und Wärmedämmung. Baldachindecken sollte man nur zurückhaltend einsetzen, etwa um einen Bereich eines Zimmers – einen Alkoven zum Beispiel oder einen Eßplatz – optisch von seiner Umgebung abzusetzen.

Der Stoff kann flach auf eine von Wand zu Wand reichende Lattenkonstruktion gespannt werden. Für einen zeltartigen Baldachin wird das Gewebe ringsum über Stangen gezogen, gekräuselt und in der Mitte der Decke fixiert.

OBEN *Ein Zimmer ganz im mittelalterlichen Stil des schottischen Landadels. Die Wände sind mit Tartanstoff bespannt, und die Falten der Baldachindecke werden in der Mitte gebündelt.*

Die Form wird von den Maßen des Zimmers und der verfügbaren Höhe bestimmt. So sind auch die Decken von Himmelbetten konstruiert, und entsprechend bieten sich deren traditionelle Verzierungen wie beispielsweise Rosetten, Rüschen oder Schleifen für Mittelpunkt und Kanten von Baldachindecken an.

Leichte Stoffe wie Musselin machen sich gut, wenn sie von der Decke drapiert werden. Musselin ist außerdem so preisgünstig, daß man ihn großzügig verwenden kann, und wenn man Oberlichter darüber hat, schimmert das Licht hindurch.

PFLEGE VON WAND- UND DECKENTEXTILIEN

Stoff läßt sich durchaus mit dem Staubsauger reinigen, aber aufgepaßt: Die Saugkraft darf nicht zu stark sein, sonst beult der Stoff aus und verzieht sich dauerhaft. Sofern er keine losen Fäden hat, kann man ihn auch mit einem sauberen Besen mit langem Stiel abbürsten.

PFLEGE UND RESTAURIERUNG ANTIKER TEXTILIEN

Alte Stoffe vertragen keine extremen Bedingungen. Trockenheit läßt sie brüchig werden, Feuchtigkeit erzeugt Schimmel, und zuviel Sonnenlicht bleicht empfindliche Textilien aus und zerschleißt sie. Wenn man Stoffe zur Schau stellen

will, sollte man also für ein möglichst ausgeglichenes Raumklima sorgen.

Kleinformatige empfindliche Textilien sollten nicht offen, sondern nur geschützt hinter Glas präsentiert werden. Werden sie auf Pappe oder Papier gezogen, so ist darauf zu achten, daß es säurefrei ist und so befestigt wird, daß es beim Abnehmen den Stoff nicht beschädigt.

Textilien sollte man liegend aufbewahren, damit sie nicht knittern, und wenn sie gefaltet werden müssen, locker in reichlich säurefreies Seidenpapier wickeln. Antike Kleidungsstücke hängt man auf hölzerne, nicht metallene Bügel und zieht statt einer Plastik- eine Baumwollhülle darüber, damit das Gewebe atmen kann.

Mit einem alten Gewebe oder Kleidungsstück, das instandgesetzt oder gereinigt werden muß, sollte man zu einem Experten gehen, denn bei manchen ist eine chemische Reinigung die beste Wahl, bei anderen dagegen katastrophal. Zum Beispiel werden weiße Baumwoll- oder Leinensachen jeden Alters weißer, wenn man sie mit einem milden Waschmittel von Hand wäscht, als wenn man sie reinigen läßt. Jede Reinigung nutzt die Textilien weiter ab. Vor jeder Wäsche bzw. Reinigung sollte man das Gewebe mit einem Staubsauger oder einer feinen Bürste vorsichtig vom Staub befreien und Flecken von einem Fachmann entfernen lassen. Dies gilt auch für Teppiche.

UNTEN *Eine andere Methode, ein schönes Stück Stoff zur Geltung zu bringen, ist ein stoffbespannter Wandschirm. Hier schützt ein solcher Schirm eine gemütliche Leseecke vor Zugluft.*

DAS BAD

DIE GRUNDLEGENDEN ANFORDERUNGEN ANS BADEZIMMER HABEN SICH IM
LAUFE DER ZEIT KAUM VERÄNDERT, DOCH IN PUNCTO BEQUEMLICHKEIT
WERDEN HEUTZUTAGE WESENTLICH HÖHERE ANSPRÜCHE GESTELLT. DABEI
STECKT DER KOMFORT IM DETAIL – BEHEIZTEN HANDTUCHHALTERN,
EINEM WARMEN FUSSBODEN, GUT BELEUCHTETEN SPIEGELN, HÜBSCHEN
SEIFENSCHALEN UND SHAMPOOFLASCHEN, KURZ: IN EINER BEHAGLICH-
LUXURIÖSEN AUSSTATTUNG, DIE DEN SINNEN SCHMEICHELT.

SANITÄREINRICHTUNG

Das, was wir heute unter einem Badezimmer verstehen, ist ein Produkt des 19. Jahrhunderts. In früheren Zeiten stand in jedem Schlafzimmer ein Waschtisch mit Schüssel und Krug, und bei Bedarf wurde eine blecherne Badewanne vor den Kamin gestellt und das Wasser in Töpfen vom Herd geholt. Bäder mit eigenem Wasseranschluß galten als Luxus und fanden sich anfangs nur in vornehmen Häusern. Doch als Wasserleitungen und Heißwasserboiler erst einmal in den Häusern Einzug hielten, richtete man auch Badezimmer ein.

Heute ist wieder eine ganze Reihe von Sanitäreinrichtungen nach altem Muster lieferbar und erfreuen sich freistehende Wannen und Leitungen über Putz großer Beliebtheit. Aus dem großen Angebot gilt es, nach Geldbeutel, vorhandenem Platz und persönlichem Geschmack auszuwählen. Bei den Kosten sollte man bedenken, daß es sich immer auszahlt, hochwertige Produkte zu kaufen, die auch Jahre später noch gut aussehen und funktionieren. Wer sich für echte antike Stücke entscheidet, muß für sorgfältige Installation sorgen, bei der sie eventuell auch angepaßt werden müssen, doch grundsätzlich sind solche Stücke auch in moderner Umgebung durchaus funktionstüchtig.

BADEWANNEN

Als man dazu überging, Badewannen fest in den Bädern zu installieren, stellte man sie zunächst aus glasiertem Steingut her, das aber bald durch emailliertes Gußeisen abgelöst wurde, weil es die Wärme besser speichert. Die frühen Wannen waren meist kunstvoll bemalt und hatten eine umlaufende Holzleiste, damit sie mehr nach einem Möbelstück aussahen; der praktischere gebogene Gußeisenrand und die eckigere Form sind spätere Entwicklungen. Um 1910 setzte sich Porzellanemail durch: Anstelle des mit dem Pinsel aufgetragenen Emaillacks wurde nun eine äußerst harte, wesentlich

RECHTS *Ein hübsches altmodisches Bad mit einer restaurierten Gußeisenwanne. Im alten Stil neu gefertigte Messinghähne mit Porzellanteilen sind eine vernünftigere Wahl als Originale, denn sie sind auf die heutigen Installationen abgestimmt. Wie in Viktorianischer Zeit liegen die Rohre frei. Hier wurden sie mit einer Messingschicht verschönert.*

LINKS *Selbst in einem winzigen Badezimmer mit unregelmäßigen Wänden macht eine alte freistehende Wanne Eindruck. In guten Fachgeschäften werden hochwertige neue Gußeisen-Badewannen und Porzellanwaschbecken im viktorianischen Stil angeboten.*

haltbarere Schicht eingebrannt. Die fünfziger Jahre be-
scherten uns Wannen aus Stahlblech, dann kamen Acryl-
wannen und farbige Kompletteinrichtungen auf – ein
Trend, der heute zum Glück wieder rückläufig ist. Acryl-
wannen mögen leicht und billig sein, aber sie halten nicht
lange und fühlen sich unangenehm an. Gegen farbige Badezimmer ist nichts einzuwenden, doch Weiß ist wesentlich
vielseitiger. Farbe können Dekor und Ausstattung ins Bad
bringen.

ANTIKE WANNEN

Alte Badewannen sind fast immer angeschlagen und müssen neu emailliert werden. Das Ergebnis ist im allgemeinen
zufriedenstellend, doch man sollte eine gute Firma wählen,
die eine lange Garantie gibt. In die Löcher für die Wasser-
hähne passen in der Regel keine neuen Modelle; man wird
also alte dazukaufen müssen. Außerdem muß der Klempner
sich auskennen und die alten Armaturen korrekt an die modernen Leitungen anschließen.

WASCHTISCHE

Waschtische gibt es seit dem frühen 18. Jahrhundert. Von rein praktischen Vorrichtungen entwickelten sie sich dank berühmter Kunsttischler wie Chippendale und Hepplewhite zu attraktiven Möbelstücken. Frühe Versionen waren für den Verbleib in einer Zimmerecke konzipiert und mit Schüssel, Seifenschale und Spiegel ausgestattet. Später entstanden aufwendigere Kombinationen aus Frisierkommode und Waschtisch, die in geschlossenem Zustand wie eine hübsche Kommode aussehen.

Als Zierstücke in einem Schlaf- oder Wohnraum sollte man sie heute verwenden, denn die Wärme und Feuchtigkeit heutiger Badezimmer vertragen sie nicht.

MARMORPLATTEN UND SPRITZSCHUTZ

Die praktischen Waschtische mit Platte und Rückwand aus Marmor kamen um 1830 auf. Anfangs standen Schüssel und Krug oben auf der Platte, und unten war ein Eimer für das verbrauchte Wasser eingehängt. Als fließendes Wasser eingeführt wurde, blieb die Grundform zunächst die gleiche, nur wurde die Schüssel nun in die Platte eingelassen, und die Leitungen verdeckte ein Holzgehäuse.

KERAMIKBECKEN

Verkleidete und unverkleidete Porzellanbecken kamen um die Jahrhundertwende auf, als die erforderlichen Gußtechniken genügend verfeinert waren. Weiße Becken mit polierten Chromhähnen und offenliegenden Rohren galten damals als besonders schick und können sich auch heute noch sehen lassen.

Grundsätzlich muß man sich zwischen einem freistehenden Becken und einem eingebauten mit zugehöriger Konsole entscheiden. Viktorianisch mutet eine Konsole aus einem alten Waschtisch mit Marmorplatte an, in die man Aussparungen für Becken und Hähne hineinschneiden läßt; die Installation verschwindet in der Wand dahinter.

TOILETTEN

Das Klosett mit Wasserspülung hat eine lange Geschichte. Schon 1449 ersann der Engländer Thomas Brightfield den Spülkasten, und 1596 erfand der elisabethanische Höfling und Dichter Sir John Harington ihn neu. Doch da es kein fließendes Wasser gab, setzte sich die Idee nicht durch, und man begnügte sich weiter mit Nachttöpfen, die unter dem Bett oder, in den feineren Haushalten, in eleganten Schränkchen versteckt wurden.

Im 19. Jahrhundert besserten sich die sanitären Bedingungen allmählich. In den Städten wurde die Kanalisation eingeführt, in den vornehmen Häusern hielt das fließende Wasser Einzug, und das Klosett wurde nach und nach weiterentwickelt. Aber erst gegen Ende des vorigen Jahrhunderts hatten die meisten Häuser in der einen oder anderen Form ein Wasserklosett. Meist saßen die Toilettenschüsseln auf Sockeln und waren innen wie außen kunstvoll verziert. Die Brille bestand in der Regel aus poliertem Mahagoni, und Spülkasten und Schüssel zeigten das gleiche Dekor. Ein altes Klosett sollte man nur komplett mit Brille kaufen, denn meiner Erfahrung nach ist es schwer genug, neue Holzbrillen für neue Toilettenschüsseln zu finden, von alten für alte ganz zu schweigen.

RECHTS *In diesem luftigen, hellen Badezimmer wurden für die Duschvorhang-Stangen die gleichen eleganten Messingrohre verwendet wie für die Brause.*

BÖDEN, WÄNDE UND FENSTER

Badezimmer sollen praktisch sein, ohne kalt zu wirken. Ein ganz in Weiß gehaltenes Bad mit weißen Kacheln oder Marmorvertäfelung ist in ganzjährig heißen Ländern wunderbar kühl, doch in kaltem, trübem Klima wünscht man sich im Bad außer einer Heizung auch eine warme Atmosphäre. Behaglichkeit kann man mit entsprechend gestalteten Wänden und Fußböden herstellen. Ein Teppich zum Beispiel ist für die Füße angenehm, gehört aber nicht in ein kleines Bad mit Dusche oder in ein Bad, das Kinder benutzen. Weitaus praktischer ist ein Fliesen- oder Kunststoff-

LINKS *Diese moderne Gußeisenwanne sitzt in einem Holzkasten, der Abstellfläche für allerlei Badezubehör bietet. Wo einem niemand zum Fenster hineinblicken kann, ist eine Badewanne mit Aussicht eine wunderbare Sache.*

UNTEN *Ein original antikes Waschbecken mit zugehörigen Hähnen in einem alten Haus mit roh verputzten Wänden. Wände und Boden wurden im Schablonendruck mit Mustern in passenden gedämpften Farben verziert.*

OBEN *Solche Becher mit Wappen und Porträts erinnern an Krönungen und andere Feiern in der englischen Königsfamilie. In diese weißgekalkte Dachkammer eines alten Schlosses bringen sie Farbe und einen Schuß Humor.*

boden, auf dem große, weiche Badematten für Farbe und Wohnlichkeit sorgen.

Die beste Lösung für die Wände ist es wohl, sie zu streichen. Kacheln wirken oft kalt, besonders bei großen Flächen. Man sollte sie nur verwenden, wo es notwendig ist, und möglichst gemusterte Fliesen oder einfarbige mit Bordüre wählen, die gefälliger wirken. Tapeten sorgen für Farbe und Wärme, sind aber für ein kleines, unbelüftetes Bad, wo sie die Feuchtigkeit aufnehmen und sich von den Wänden lösen, nicht zu empfehlen.

FENSTER

Farbe läßt sich auch mit Vorhängen und Springrollos ins Bad bringen, wobei erstere selbst da schmücken, wo sie eigentlich nicht notwendig wären. Wie man ein Fenster gestaltet, hängt natürlich von dessen Größe, Form und Position ab sowie davon, ob man von draußen hineinsehen kann oder nicht. Es wäre eine Schande, einen schönen Ausblick hinter Milchglas zu verstecken. Wo das Fenster jedoch nur auf die Abflußrohre des Nachbarhauses geht, sollte man sich nach schönen mattierten Gläsern nach alten Vorbildern umsehen, die mit unterschiedlichen Mustern erhältlich sind. Sie sind teurer als die üblichen Scheiben mit Draht oder Luftblasen, aber auch unendlich viel schöner.

ACCESSOIRES

RECHTS *Eine elegante kombinierte Bad-Duschen-Armatur mit Messingauflage. Alte bzw. auf Alt gemachte neue Hähne sind entscheidend für die Wirkung eines Bades. Moderne Armaturen würden dieses klassizistische Bad vollkommen ruinieren.*

Für eine individuelle Note im Bad sorgen die Accessoires. Als erstes wird man seine Aufmerksamkeit den Armaturen zuwenden, denn die Wahl – ob Messing, Chrom oder vielleicht auch vernickelt – gibt die Stilrichtung für die restlichen Accessoires vor. Natürlich sind auch Kombinationen möglich, Messinghähne mit verchromten Türknäufen zum Beispiel, aber besser ist es, man bleibt bei einer Richtung. Die meisten Armaturen bestehen aus Messingguß, der mit einer Metallschicht überzogen wird. Solche Hähne sind wesentlich leichter zu pflegen als reines Messing, doch sollte man sie nie mit scharfen Putzmitteln oder Scheuertüchern behandeln. Alte und unbeschichtete moderne Messinghähne laufen rasch an. Wer den Anblick mag, liegt damit richtig. Bevorzugt man sie blank, müssen sie häufig poliert werden.

HANDTUCHHALTER

Ein beheizter Handtuchhalter ist ein angenehmer Luxus, der in einem Badezimmer, in dem kein Platz für einen Heizkörper ist, dessen Funktion mit übernehmen kann. Rundrohr-Heizkörper sind entweder mit dem Heizungssystem verbunden und funktionieren wie normale Heizkörper, oder sie sind in die Warmwasserversorgung integriert, so daß man auch warme und trockene Handtücher hat, wenn die Zentralheizung abgestellt ist. Man kann aber auch einen elektri-

UNTEN *Diese Hähne haben etwas ganz Eigenes! Blauweiße chinesische Motive sind hier das verbindende Element, von der Seifenschale bis zu den Handtüchern.*

schen Handtuchhalter montieren lassen, den man nach Bedarf ein- und ausschaltet.

Handtuchhalter gibt es in den verschiedensten Ausführungen, auch in Weiß, für die Wand- oder die Fußbodenmontage. Wenn sie mit Handtüchern bedeckt sind, sieht man sie kaum – ein weiterer Vorzug gegenüber einem normalen Heizkörper, der oft viel Platz wegnimmt und sich optisch schlecht einfügt.

Ein altmodischer freistehender Handtuchhalter aus Holz ist schön, aber nicht allzu praktisch, es sei denn, man kann ihn vor den Heizkörper stellen.

STÜHLE UND TISCHE

Wenn man den Platz dazu hat, sollte man einen Stuhl oder kleinen Sessel im Badezimmer stehen haben, auf dem man sich in aller Ruhe niederlassen und mit jemandem plaudern oder einen Morgenmantel ablegen kann. Beistelltische sind ebenso hübsch wie nützlich als Ablagefläche für attraktive

OBEN *In diesem eleganten Bad im Stil der dreißiger Jahre wurden zwei verchromte beheizte Handtuchhalter, die eigentlich für die Wandmontage gedacht sind, auf den Boden gestellt, so daß hinter der Wanne eine große, tiefe Handtuchablage entstand.*

RECHTS *Ein schlichter hölzerner Handtuchhalter im Shaker-Stil hält in diesem feinen Herrenbadezimmer immer ein Handtuch bereit.*

RECHTS *In diesem kleinen, adretten Badezimmer sorgen dreiviertelhohe Spiegelscheiben an allen vier Wänden für immer neue Perspektiven.*

Flaschen, Körbchen mit Seife, Bade- und Luffaschwämme oder etwas rein Dekoratives wie beispielsweise eine Muschelsammlung.

SCHRÄNKE, REGALE UND BADEWANNENKÖRBE

Zu den häßlichen Plastikkisten mit verspiegelten Türen gibt es durchaus Alternativen! Ein altes Holzregal, poliert oder passend zur übrigen Einrichtung gestrichen, kann ein Bad ungemein beleben, und ein alter Holzschrank sieht viel gemütlicher aus als ein schlichter weißer. Wer es gern moderner hätte, kann Glas- oder Plexiglasregale mit Messing-, Chrom-, farbig lackierten Metall- oder Holzeinfassungen samt passenden Accessoires wählen.

Die Körbchen, die man in die Badewanne hängt, sind einem oft im Wege und daher eher dekorativ als nützlich. Die alten, schweren Modelle schmücken große, alte Wannen, besonders die freistehenden ohne Ablageflächen für die Seife und die Gummiente.

Ein weiteres wichtiges Detail ist der Kleiderhaken an der Tür, an den man Morgenmäntel und Handtücher hängen kann. Hübsche alte Exemplare lassen sich auf Flohmärkten und in Antiquitätenläden auftreiben und sind modernen unbedingt vorzuziehen.

SPIEGEL UND BELEUCHTUNG

Spiegel und gutes Licht sind das A und O eines Badezimmers. Die Ausleuchtung sollte gleichmäßig und stark genug zum Rasieren und Schminken sein. Ideal für diese Zwecke sind in die Decke eingelassene Strahler, sonst bieten sich Spots an. In beiden Fällen nimmt man am besten Niederspannungslampen. Mit einem Dimmer kann man die Beleuchtung je nach Stimmung variieren.

Gut plazierte Spiegel lassen ein kleines Badezimmer größer erscheinen. Wo immer möglich, sollte man das Waschbecken so plazieren, daß sich ein Spiegel darüber aufhängen läßt. Steht das Becken vor einem Fenster, kann man entweder in die untere Fensterhälfte Spiegelglas einsetzen oder an der Wand einen Rasierspiegel mit Scherenarm anbringen. Es gibt auch Rasier- bzw. Schminkspiegel mit integrierter Beleuchtung.

DIE KÜCHE

DER TREND GEHT EINDEUTIG VON DER HIGH-TECH-EINBAUKÜCHE HIN ZU
EINEM LÄSSIGEREN LÄNDLICHEN STIL MIT FREISTEHENDEN MÖBELN, UND AN
DIE STELLE VON CHROM UND FARBIGEN KUNSTSTOFFEN TRETEN WIEDER
ZUNEHMEND NATÜRLICHE MATERIALIEN. WAS NICHTS ANDERES HEISST,
ALS DASS DIE KÜCHEN WIEDER SO WERDEN, WIE SIE FRÜHER WAREN –
EIN STIL, DER NICHT ZU JEDEM UND AUCH NICHT ZU JEDEM HAUS PASST.
DOCH SELBST AUS DER PERFEKTESTEN EINBAUKÜCHE LÄSST SICH MIT EIN
PAAR GUT AUSGEWÄHLTEN AUSSTATTUNGSSTÜCKEN EIN FREUNDLICHER,
WOHNLICHER ORT MACHEN.

STIL UND FUNKTION

Viele Menschen verbringen mehr Zeit in der Küche als in jedem anderen Raum ihrer Wohnung. Alle möglichen Dinge werden hier erledigt, von Schularbeiten bis zum Arrangieren von Blumen, und deshalb sollte sie nicht nur praktisch und funktional, sondern auch schön und freundlich eingerichtet sein. War die Küche früher ein reiner Arbeitsraum, ist sie heute oft der Mittelpunkt der Wohnung. Entsprechend haben sich unsere Vorstellungen von ihrer Einrichtung gewandelt.

Die Planung einer Küche ist eine Wissenschaft für sich, besonders wenn auf kleinem Raum eine Vielzahl von Geräten unterzubringen ist. Hier soll es nur darum gehen, wie man mit phantasievollen Dekorstücken einer Küche die verschiedensten Gesichter geben kann.

KÜCHENMÖBEL

Die Bandbreite beim Küchenmobiliar reicht von rustikalem Holz bis zur klinischen Sauberkeit von Edelstahl, wobei die

LINKS *Offene Regale, ein alter, aber funktionstüchtiger Gasherd und eine Spüle in einer mexikanischen Küche mit ganz eigenem Charme*

OBEN *Auch in einer rustikalen Küche braucht man nicht auf moderne Geräte zu verzichten. In dieser schlichten Küche umrahmen alte Delfter Kacheln einen Einbaubackofen.*

UNTEN *In Frankreich, der Schweiz und Österreich zieren oft hübsche Papier- oder Stoffborten die Einlegeböden ländlicher Küchenschränke. Hier wurde dafür Spitze verwendet.*

Wahl meist mehr vom Geldbeutel als vom Geschmack diktiert wird. Aber man muß nicht gleich neue Schrankelemente kaufen, um den Stil seiner Küche zu verändern. Schon mit neuen – oder auch nur anders gestrichenen – Arbeitsplatten, Schranktüren oder Griffen bekommt die Küche ein anderes Gesicht.

EINTEILUNG

Die Einrichtung der Küche hängt im wesentlichen von deren Größe sowie der Position von Türen und Fenstern ab. Für das Kochen selbst braucht man im Grunde nicht viel Platz. Die drei Hauptbereiche – fürs Vorbereiten, Aufbewahren der Lebensmittel und Spülen – sollten möglichst dicht beieinander in einem Dreieck liegen. Man will ja keinen halben Kilometer laufen, nur um sich zwischendurch einmal schnell eine Tasse Tee aufzubrühen!

Anstelle der Einbauküche gewinnt die traditionelle Küche mit freistehenden Möbeln, einem Tisch in der Mitte, einem Geschirrschrank und Regalen oder Haken für Töpfe

OBEN *Eine moderne Einbauküche im ländlichen Stil mit Glas- und Silbergefäßen sowie hübschen alten Gegenständen, darunter ein hölzerner Eierständer und ein Salzkasten an der Wand. Viele Antiquitätenhändler spezialisieren sich auf alte Küchenutensilien, weil sie so attraktiv sind.*

RECHTS *Ein alter Küchenschrank. Dank der Luftlöcher in den Türen, die ursprünglich mit Fliegengitter versehen waren, können die darin lagernden Lebensmittel atmen. Die Keramikgefäße auf dem Schrank stammen aus einer alten Drogerie, die Waage aus einem Laden der Jahrhundertwende.*

OBEN *Heutzutage ein seltener Luxus: die Anrichtekammer –
ein Raum, in dem der Wein vor dem Servieren geöffnet und das
Kellerbuch geführt wird*

und Pfannen wieder zunehmend an Beliebtheit. In jeder
Küche, ganz gleich wie klein, sollte es einen Eßplatz geben,
entweder in Form einer Bar oder als eigenständiger Eßtisch.
Der Eßplatz bietet gleichzeitig Raum zum Vorbereiten der
Mahlzeiten, aber er sollte nicht innerhalb des Arbeitsdrei-
ecks liegen, sonst läuft man ständig dagegen. Ideal ist es,
wenn man Platz für eine Speisekammer hat, wo man seltener gebrauchte Dinge und die notwendigen, aber wenig dekorativen Küchenutensilien unterbringen kann.

Sehr schön ist auch eine Sitzecke in der Küche, vielleicht
mit einem Fernseher, oder ein Eckchen, wo die Kinder ge-
fahrlos spielen können, während man selbst tätig ist.

RUSTIKALE KÜCHEN

In der Küche, von der in unseren nostalgischen Zeiten jeder träumt, bildet ein stattlicher altmodischer Herd den Mittelpunkt. Häuser in der Stadt sind selten groß genug, um diesen Traum zu verwirklichen, es sei denn, man kann einen offenen Kamin so umbauen, daß der Herd hineinpaßt. In einer ländlichen Küche sorgt ein solcher Herd für eine gemütliche Atmosphäre, und als optischer Mittelpunkt ist er nicht zu überbieten. Wer das Glück hat, einen alten Herd zu besitzen, sollte ihn unbedingt behalten, selbst wenn er nicht zum Kochen benutzt wird. Er bietet Stauraum und ist ein beeindruckendes Zierstück.

Steht der Herd in einer tiefen Nische, vielleicht noch mit einem freigelegten Balken darüber, kann man die Nische mit alten Kacheln auskleiden und an dem Balken oder in einem Regal altes Küchengerät zur Schau stellen. Alte Balken verleihen einer Küche Atmosphäre und sind ideal, um daran Töpfe, Pfannen und andere Küchenutensilien aufzuhängen. Man kann auch neue Balken einziehen lassen und dann mit Farbe oder Beize dafür sorgen, daß sie alt aussehen.

OBEN *Eine liebenswerte alte Küche mit einzelnen Holzmöbeln und einem tiefen quadratischen Keramik-Spülbecken. Das Gemälde ist ein bezaubernd naives Familienbild aus dem 18. Jahrhundert. Ein Ölbild sollte in der Küche möglichst weit vom Herd entfernt hängen und mit Firnis gegen Feuchtigkeit geschützt sein.*

LINKS *Auf diesem zinkbeschlagenen Arbeitstisch braucht man nur ein Tischtuch auszubreiten, und schon hat man einen schönen Eßplatz. Über dem Sideboard aus Kiefer zwei antike Mahagoni-Hängeschränke für die Gläser.*

RECHTS *Für Töpfe und Pfannen sind offene Regale viel praktischer als Schränke, weil man leichter heranreicht und gleich findet, was man braucht.*

STÜHLE UND TISCHE

Der Küchentisch und die Stühle brauchen im Stil nicht zu den Schränken zu passen, im Gegenteil: zuviel Gleichförmigkeit wirkt eher kalt. Wenn der Platz ausreicht, kann man einen langen Refektoriumstisch wählen, bei beengten Verhältnissen einen runden oder ovalen, oder man läßt sich einen Tisch nach Maß anfertigen. Ob man einen unlackierten Holztisch nimmt, einen gestrichenen oder einen

RECHTS *Ein Blick in die Eßecke einer Cottage-Küche mit einem Mahagonitisch vor der altertümlichen offenen Feuerstelle. Heute weiß man kaum noch, wie mühsam das Kochen früher war und wie heiß einem dabei wurde: In den gußeisernen Öfen wurde Brot gebacken, und auf den Platten standen Kochtöpfe.*

UNTEN *Ein amerikanischer Refektoriumstisch mit ebenfalls aus Amerika stammenden Windsor-Stühlen*

OBEN *Die Eßecke der Küche, die auf Seite 158 oben abgebildet ist. Mit ihren eleganten französischen Polsterstühlen und den ovalen Porträts wirkt sie fast wie ein Wohnzimmer.*

mit Glasplatte – mit einer Tischdecke oder mit Sets läßt sich das Erscheinungsbild im Handumdrehen verändern. Ein unbenutzter Tisch kann als zusätzliche Arbeitsfläche dienen, oder man stellt darauf Bücher oder Pflanzen zur Schau.

STÜHLE, SCHEMEL UND BÄNKE

Stühle sind komfortabler als Schemel und schmale Bänke, aber bei Platzmangel spricht nichts gegen eine Kombination aus allen dreien. Man könnte zum Beispiel eine lange Bank an eine Längsseite des Tisches stellen und Stühle an die drei anderen Seiten. Kissen mit abnehm- und waschbarem Bezug sowie Bändern zum Befestigen machen harte Stühle komfortabler und dekorativer.

Man muß nicht sämtliche Stühle ständig am Tisch haben – sie können an der Wand oder auf dem Flur stehen und bei Bedarf herbeigeholt werden. Auch müssen Stühle und Tisch nicht unbedingt im gleichen Stil sein; ein hübscher Satz alter Windsor-Stühle aus dunklem Eibenholz macht sich zum Beispiel gut zusammen mit einem modernen hellen Kiefer- oder Eichentisch.

VORRATSHALTUNG UND PRÄSENTATION

Aus praktischen Gründen verwenden wir heute meist Einbauschränke, weil sie hygienisch sind und die vielen häßlichen modernen Verpackungen in ihnen verschwinden. Dekorative Dosen sind eine weitaus schönere Alternative und bestens geeignet für die Aufbewahrung von Tee, Kaffee, Zucker, Mehl und Haferflocken. Antike Gefäße sind dafür nicht zu empfehlen, weil sie nicht luftdicht sind, doch es sind hübsche moderne Modelle auf dem Markt.

Offene Regale sind Staubfänger, machen sich aber gut zur Auflockerung zwischen Schränken und zur Präsentation von Porzellan oder Gläsern, etwa einer Reihe von Krügen. Eine andere Möglichkeit, einer Schrankwand die Monotonie zu nehmen, sind Vitrinen.

ANRICHTEN

Anrichten sind vielleicht die perfekten Küchenmöbel überhaupt. Sie sind oft schön, bilden einen guten Mittelpunkt und bieten eine Menge Stauraum, besonders solche mit Schubladen und Schranktüren. Ein antiker Geschirr-

OBEN Vorratsdosen sind für feuchtigkeitsempfindliche Lebensmittel wie Mehl oder Zucker nur brauchbar, wenn sie vollkommen luftdicht abschließen. Alte Gefäße erfüllen diese Bedingung meist nicht, aber sie sehen wunderbar aus, und man kann darin den Krimskrams verstauen, der sich in jeder Küche ansammelt. Die Töpfe auf diesem Bild haben eine traditionelle Salzglasur.

LINKS Eine Reihe von praktischen Behältern, die trotzdem etwas hermachen: Einweckgläser und Steinzeugtöpfe mit gut schließenden Korkdeckeln. Das Regal ist eine Maßanfertigung aus altem Holz, in das ein hochmoderner Backofen und ein Mikrowellenherd (links im Bild) eingebaut wurden.

OBEN *Diese imposante alte Anrichte aus Kiefernholz bietet jede Menge Stauraum und ein herausziehbares Brotschneidebrett.*

LINKS *Alte Werbeartikel zieren diese hübsche Anrichte, die sich wohltuend von der typischen Einbauküche abhebt.*

schrank, ob lackiert oder in Naturholz, hebt sich angenehm von Einbaumöbeln ab. Alternativ kann man sich ein Exemplar in derselben Ausstattung wie die übrige Küche für eine bestimmte Stelle maßanfertigen lassen. Auf der Ablagefläche kann ein kleines Radiogerät oder eine Sammlung stehen, oder man hat dort immer Kinderbücher und Spielzeug griffbereit.

DIE PRÄSENTATION VON KÜCHENGERÄT

Gleichartige Dinge, etwa einen Satz kupferner Töpfe und Pfannen, sollte man zusammen präsentieren und nicht auf den ganzen Raum verteilt. So kommen sie viel besser zur Geltung. Wichtig sind stets Struktur und Farbe des Hinter-

LINKS Ein dekoratives Arrangement aus altem und neuem Kochgerät an einer Messingstange mit Fleischerhaken, wie man sie früher in Metzgerläden hatte, bringt Wärme in eine blitzblanke Marmorküche.

UNTEN Dieses glatte, kühle Regal gewinnt Charakter durch die traditionellen Formen der Kupfertöpfe und die aus den dreißiger Jahren stammende Teekanne mit Warmhaltemantel.

LINKS *In dem alten Teller-bord aus Kiefernholz lassen sich gespülte Teller trocknen und verstauen. Die durch-löcherten ovalen Platten (auf der Spüle) legte man früher auf die Servierplatten, damit der Braten abtropfen konnte.*

UNTEN *Hier wurden mit künstlerischer Sorgfalt Küchengeräte und Kuchen-formen arrangiert.*

grunds, vor dem eine Sammlung präsentiert wird. Holz-gegenstände verlieren sich auf einer hölzernen Anrichte, während blau-weiß gemustertes Porzellan darauf Aufmerk-samkeit erregt.

Eine ungenutzte Ecke läßt sich mit freistehenden Stük-ken wie zum Beispiel einem gußeisernen Gestell für Töpfe und Pfannen füllen oder mit einem Tellerbord, das auf einer Arbeitsplatte stehen oder in Griffhöhe an die Wand mon-tiert werden kann. Mit ein klein wenig Phantasie lassen sich überall in der Küche Haken für hübsche Dinge wie Körbe, Siebe, Becher oder Kannen anbringen.

KÖRBE

In meiner eigenen Küche habe ich unter einem langen Re-galbrett eine Vorhangschiene angebracht und daran Körbe aufgehängt. Man braucht nur den Knopf am Ende abzuzie-hen, um einen Korb abzunehmen oder hinzuzufügen. Körbe lassen sich im ganzen Haus als dekorative Vorratsbehälter einsetzen, aber am besten kommen sie in der Küche zur Gel-tung, wo man von Brot über Obst, Gemüse und Nüsse bis zu Besteck alles hineintun kann. Es macht Spaß, geflochtene Gefäße zu sammeln, und da sie nicht teuer sind, ist es auch kein Unglück, wenn ein vielbenutzter Korb irgendwann ka-puttgeht.

SAMMLUNGEN IN DER KÜCHE

Was man in der Küche zur Schau stellen will, ist eine Frage des persönlichen Geschmacks. Es müssen nicht unbedingt

LINKS *Eine alte holzgetäfelte Küche, in deren Wand-schrank blau-weißes Porzel-lan ausgestellt ist. Der hüb-sche Messingkandelaber ist erfreulicherweise der Elektrifi-zierung entgangen.*

RECHTS *Der Aufsatz einer Anrichte wurde hier als Regal an die Wand gehängt und prä-sentiert eine Porzellansamm-lung. Den passenden Rahmen liefern Trockenblumen, Knob-lauchzwiebeln und Töpfe, in denen einst Stilton-Käse reifte und verkauft wurde.*

Küchenutensilien sein – bunte Verpackungen oder Möbel aus einem Puppenhaus eignen sich ebensogut. Typische Küchensammlungen sind Milchkannen, Teekannen, blau-weißes oder anderes Porzellan – alles Dinge, die in einer An-richte oder Vitrine gut aussehen. Kupfertöpfe und -pfannen, Puddingformen aus Kupfer, Porzellan oder Glas, alte hölzer-ne Kochutensilien, Brotbretter, Tabletts zieren allesamt eine Küche, wenn man jeweils mehrere besitzt. Die Liste ist end-los lang, außerdem kann man natürlich zusätzlich Einzel-stücke sammeln.

Wie bei jedem anderen Raum des Hauses kommt es auch bei der Küche letzten Endes darauf an, daß diejenigen, die darin leben, sich wohl fühlen. Inneneinrichter wie ich kön-nen Vorschläge unterbreiten, auf die der Bewohner eines Hauses vielleicht von sich aus nicht gekommen wäre, und ihm mit praktischem Rat zur Seite stehen, aber ich plädiere immer dafür, daß ein Haus die individuelle Lebenseinstel-lung seiner Bewohner widerspiegelt. Ein Zimmer (besonders eine Küche), das zu sehr „gestaltet" ist, hat am Ende viel-leicht weder Herz noch Seele.

DRINNEN
UND
DRAUSSEN

WINTERGÄRTEN, VERANDEN UND TERRASSEN SIND DIE ORTE, AN DENEN
DRINNEN UND DRAUSSEN INEINANDER ÜBERGEHEN, WO DIE GRENZEN ZWI-
SCHEN HAUS UND GARTEN AUF ANGENEHMSTE WEISE VERWISCHT SIND.
AUCH DEN GARTEN SELBST KANN MAN MIT DEKORSTÜCKEN WIE STATUEN,
URNEN UND BLUMENKÜBELN VERSCHÖNERN. IM HAUS STEHEN EIN GUT
PRÄSENTIERTER BLUMENSTRAUSS UND EINE SCHÖNE TOPFPFLANZE EINEM
WERTVOLLEN GEMÄLDE IN DER WIRKUNG IN NICHTS NACH.

WINTERGÄRTEN

Ein zum Garten hin verglastes Zimmer oder ein Wintergarten ist der perfekte Übergang zwischen Haus und Garten und zudem ein Raum, den man mit Möbeln und Dingen ausstatten kann, die anderswo im Haus vielleicht fehl am Platze wären. Der klassische Wintergarten hat mit seinen vielen Pflanzen und den Farben der Natur etwas von einem Gewächshaus. Ihn mit Polstermöbeln und aufwendigen Fensterdekorationen zu überladen wäre daher ein Fehler. Die Hauptzierde eines Wintergartens sollten nicht Chintzvorhänge sein, die besser in andere Räume passen, sondern die Pflanzen, für die er ursprünglich gedacht war. An Möbeln sind solche aus Holz, Bambus, Weide oder vielleicht noch Schmiedeeisen ideal.

SICHT- UND SONNENSCHUTZ

Vorhänge und dergleichen sind als Schmuck im Wintergarten in der Regel nicht notwendig, werden aber vielleicht gebraucht, um vor neugierigen Blicken oder zuviel Sonne zu

UNTEN *Ein Wintergarten-Anbau bietet viel Platz für empfindliche Pflanzen. Die leichten Flechtwerkmöbel von Lloyd Loom kann man an schönen Tagen mühelos in den Garten tragen.*

OBEN *Dieses elegante Gartenzimmer ist der passende Rahmen für die eisernen Klappstühle, die Blumenständer aus lackiertem Metall und die Drucke mit Pflanzenmotiven.*

OBEN *Ein ungezwungenes Gewächshaus mit einer bunten Sammlung von Gartenstühlen. Hier werden die Blumen gleich neben dem Eßtisch umgetopft.*

LINKS *Eine verglaste Veranda mit üppig grünenden Pflanzen ist ein freundlicher Übergang zwischen Haus und Garten.*

schützen oder auch, damit man sich den Anblick trüber Tage erspart. Jalousien sind eine praktische und attraktive Lösung für dieses Problem, denn sie bieten willkommenen Schutz vor zu starker Sonne und isolieren im Sommer einigermaßen gegen die Hitze und im Winter gegen Kälte. Eine schöne Variante sind auch die einfachen Bambusrollos. Ausführungen aus Holz sehen ebenfalls gut aus, und auch Lamellenvorhänge sind praktisch. Ein einfaches weißes Springrollo schützt vor Blicken und läßt doch gedämpftes Tageslicht durch. Man kann auch Tüll- oder Spitzenvorhänge nehmen, aber sie sind Staubfänger und zerschleißen ohne chemische Behandlung meist schnell im Sonnenlicht.

BELEUCHTUNG

Unverglaste Wände sind in einem Wintergarten knapp, und oft hat man Mühe, Möbel und Lampen unterzubringen. Bei der Beleuchtung geht es um mehr als nur Helligkeit; man kann damit eine bestimmte Atmosphäre schaffen, attraktive Elemente hervorheben und die Aufmerksamkeit auf hübsche Dekorstücke lenken. Unterschiedliche Textu-

LINKS *Hier wurde eine ge-
fliesste Terrasse verglast und so
zum Wintergarten. Wein ge-
deiht sehr gut in Glashäusern.
Sein Laub ist nicht nur hübsch,
sondern bietet auch Schutz
vor der prallen Sommersonne.*

RECHTS *Eine im Marmor-
dekor bemalte asymmetrische
Nische mit einem Spülbecken,
in dem man die Gießkannen
füllen kann*

UNTEN *Hier schaffen Ker-
zen, Windlichter und Laternen die richtige Stimmung für
eine Dinnerparty.*

ren kann man mit Lichtstrahlern herausarbeiten, Farben
mit farbigen Birnen wärmer oder kühler gestalten. Nachts
kann eine raffinierte Beleuchtung wunderschöne Schatten
hervorrufen und den Raum mit seinen spiegelnden Glas-
flächen noch interessanter machen.

Zunächst einmal muß man entscheiden, wozu man den
Raum verwenden und ob man bestimmte Partien mit der
Beleuchtung hervorheben will. Wenn der Wintergarten als
Wohnraum eingerichtet ist, genügen oft einfache Tischlam-
pen, die jedoch vielfach unpraktisch sind, weil das Kabel im
Wege ist. Hat der Wintergarten Eßzimmerfunktion, sind mit
Dimmer ausgestattete Wand- oder Deckenlampen, die sich
an den Streben befestigen lassen, angemessener; zusätzliche
Kerzen sorgen für die Atmosphäre. Für einen Platz, an dem
man lesen oder arbeiten will, ist eine Stehlampe eine gute
Alternative, zumal man sie bei genügend Steckdosen auch
umplazieren kann.

Welche Lampen man wählt, hängt von Stil und Möblierung des Anbaus ab. In einem Wintergarten im Stil des späten 19. Jahrhunderts wären elektrifizierte Öl- oder Gaslampen eine gute Wahl. Deckenfluter können sehr effektvoll
sein, besonders wenn sie eine Pflanze oder Statue anleuchten. Bei einem Glasdach ohne Jalousien sollte man allerdings bedenken, daß das Licht zurückgeworfen wird und
blenden kann. Eine Lichtschiene mit Strahlern, am besten
Niederspannungslampen, läßt sich an den Dachstreben befestigen, mit den Spots kann man Pflanzen, Möbelstücke
oder Bilder anleuchten. Je nach Ausstattung der Lampe läßt
sich eine ganze Wand in Flutlicht tauchen oder etwas Be-
sonderes mit einem gezielten Lichtstrahl hervorheben. Al-
tertümliche Außenleuchten und Laternen sind schön und

schaffen, mit einem Dimmer ausgestattet, stimmungsvolle
Hintergrundbeleuchtung. Gußeiserne, in der Farbe der Umgebung lackierte Lampen passen gut in einen Wintergarten,
ebenso wie die bunten italienischen Metalllampen mit pla-
stischen Blumen und Blättern. Vielleicht wird man auch einen elektrischen Ventilator einbauen wollen, denn so ein
Glashaus kann im Sommer sehr heiß werden.

Wenn man die Beleuchtung für einen Wintergarten ein-
richtet, sollte man auch die nähere Umgebung draußen im
Auge behalten. Man kann Blumen, Bäume oder sonstige
Blickfänge im Garten beleuchten und damit einen größeren
Bereich schaffen, der abends von drinnen zu sehen ist.

MÖBLIERUNG

Rohr-, Korb- oder Bambusmöbel sind die beste Wahl für einen Wintergarten. Man bekommt sie heute in den verschiedensten Varianten, vom Schlanken, Eleganten bis zum Wuchtigen, Bequemen. Korbmöbel haben etwas zeitlos Schönes und erleben derzeit eine Renaissance. Großen Zuspruch erlebten sie besonders im viktorianischen England, als sich Liebhaber ganze Räume mit Korbmaterialien einrichteten.

Antike Rohr- oder Korbmöbel sind rar und müssen meist restauriert werden. Viele heutige Möbel, wie zum Beispiel die Flechtwerkstühle von Lloyd Loom, sind Kopien alter Entwürfe; man bekommt sie in Natur, gebeizt oder lackiert. Am beliebtesten sind Weiß und Grün, doch können auch andere Farben gut aussehen, wenn sie nicht zu kräftig sind. Weiß und Grün wirken klassisch, Pastellfarben erinnern an den Art déco und haben eine eher moderne Ausstrahlung. Ich persönlich bevorzuge im Wintergarten Korb und Rohr in Natur, besonders für größere Stücke. Für Farbe können Kissen und Bezugsstoffe sorgen. (Als hübsches Einzelstück in einem Schlafzimmer oder Bad kann ein farbig lackierter Stuhl, Tisch oder ein Regal allerdings gut zur Geltung kommen.)

Kleine Dekorstücke, Zeitschriftenständer, Tischchen, Hocker, Regale, Garderobenständer und dergleichen aus Rohr, Korb oder Bambus findet man überall in Trödelläden. Am besten wirken sie, wenn man sie zweckentfremdet: mit Blumentöpfen gefüllt sehen sie in einem Wintergarten einfach wunderbar aus.

SCHMIEDEEISERNE MÖBEL

Möbel aus Guß- oder Schmiedeeisen lassen einen Raum herrlich altmodisch wirken. Sie sind vielseitig verwendbar, denn sie können drinnen wie draußen stehen. Im Wintergarten sieht Eisen am besten aus, wenn es weiß oder grün gestrichen ist. Das ebenfalls weitverbreitete Schwarz wirkt ein wenig hart, gerade wenn ansonsten alles hell und luftig ist.

Um Stühle oder Bänke aus Eisen einladender zu machen, braucht man Daunenkissen. Man kann sich auch Schaumstoff passend zuschneiden lassen, aber er ist weniger bequem als Daunen. Man findet auch Gußeisengestelle mit Holzsitzen – eine durchaus reizvolle Materialkombination. Ein großer Vorteil von schmiedeeisernen Möbeln ist, daß man sie an schönen Tagen mit ins Freie nehmen kann – allerdings ist ein eiserner Stuhl nicht gerade ein Leichtgewicht!

LINKS *Die verglaste Veranda eines schönen Hauses in Queensland, Australien. In dieser Gegend kommt es vor allem darauf an, die Kühle drinnen und die Hitze draußen zu halten. Die lackierten Korbmöbel, die Blumen und das Tischtuch schaffen eine fröhliche Atmosphäre.*

RECHTS *Ein hübsches Plätzchen für einen Sommertag: ein vollständig von Glyzinen umrankter Balkon*

PFLANZGEFÄSSE

Pflanzen sind das A und O eines Wintergartens, und man erliegt leicht der Versuchung, sie in großen Mengen zu kaufen. Man sollte aber nicht vergessen, daß sie viel Pflege erfordern. Sie brauchen einen passenden Topf und sollten so aufgestellt sein, daß man beim Gießen ohne große Mühe an sie herankommt.

Pflanzen kann man in fast jedes Gefäß setzen, sofern es wasserdicht ist (bei kleineren Mängeln bietet sich die Auskleidung mit Plastikfolie oder ein Tonuntersetzer an). Die Größe des Topfes sollte im richtigen Verhältnis zur Pflanze stehen. Bei einem großen runden Topf mit einer hoch aufschießenden, wenig üppigen Pflanze kommt beides nicht zur Geltung.

Farblich und stilistisch kann man bei den Pflanzgefäßen andere im Raum verwendete Materialien aufgreifen, oder man nimmt etwas stark Kontrastierendes.

UNTEN *Gießkannen sind immer eine Zierde, auch wenn vielleicht nicht mehr alle funktionstüchtig sind. Viele alte Exemplare sind an den Nähten gerissen oder verrostet, so daß sie lecken.*

OBEN *Ein transportabler Kräutergarten in einem klassischen Spankorb, der eigentlich dazu gedacht ist, daß man in ihm Gemüse aus dem Garten holt. Die Lücken zwischen den Kräutertöpfchen wurden mit Moos ausgestopft.*

DIE PLAZIERUNG

Wenn der Wintergarten eine Nische hat, bietet sich diese für ein dekoratives Stück an. Das könnte eine Statue sein, aber auch eine alte steinerne Urne mit einer exotischen Pflanze darin, deren Wirkung sich durch Beleuchtung von unten noch verstärken läßt. Die symmetrische Plazierung von einem Paar identischer Urnen oder Kübel ist ein wirkungsvolles Mittel, um ein Einrichtungsdetail oder einen bestimmten Bereich hervorzuheben. Zum Beispiel kann man einen Durchgang oder eine Stufe betonen, indem man beiderseits einen Kübel aufstellt. Eine Sitzecke läßt sich mit einer Reihe von Topfpflanzen in eine abgeschiedene Insel der Ruhe verwandeln.

DIE MATERIALIEN

Der klassische Blumentopf besteht aus Stein, Ton oder Terrakotta, ist schlicht oder kunstvoll verziert und kann ganz verschiedene Formen haben, wobei sich die althergebrachte mit all ihren Varianten nach wie vor großer Beliebtheit erfreut. Länglich-ovale Gefäße findet man überall, besonders aus Ton; sie sind ideal für Fensterbretter oder zur Plazierung entlang einer Wand. Stehen mehrere Blumentöpfe beieinander, sollte man eher Form und Größe variieren als Farbe und Dekor, da die Töpfe sonst von den Pflanzen ablenken. Um verschiedene Höhen zu erreichen, stellt man einige Töpfe auf Tischchen, befestigt andere mit Haken an der Decke oder an Streben und achtet darauf, daß die Pflanzen unterschiedliche Wuchshöhen und Blattformen aufweisen.

OBEN *Ein stattlicher Wintergarten ist hier als sommerliches Wohnzimmer eingerichtet. Möbel und Teppich fügen sich in Farben und Motiven in das von Pflanzen geprägte Bild ein.*

Hölzerne Pflanzkübel kann man lackieren, beizen oder auch unbehandelt lassen. Wenn man sie lackiert, sollte man einfache, mit den anderen Stücken im Raum harmonierende Farben wählen. Töpfe aus Keramik, Metall oder Tôle peinte sind meist dekorativer als einfache Stein- und Tontöpfe, für die aber auch einiges spricht. Feine Porzellan-

Übertöpfe und kunstvolle Vasen im chinesischen Stil reserviert man besser für andere Räume und beschränkt sich im Wintergarten auf die rustikaleren Stücke. Schwerere Töpfe passen nicht nur besser dorthin, die Gefahr ist auch geringer, daß sie umgeworfen werden und zerbrechen. Außerdem fände ein wertvolleres Stück unter so vielen anderen wahrscheinlich gar keine Beachtung.

Körbe aller Art können als preisgünstige Blumentöpfe dienen, man muß sie nur innen auskleiden. Ihres geringen Gewichts wegen eignen sie sich auch als Hängegefäße.

GARTENDEKOR

Möbel und Dekor für den Garten müssen robuster sein als diejenigen im Wintergarten, besonders wenn sie das ganze Jahr über draußen bleiben sollen. Auch hier sind Stücke aus natürlichen Materialien wie Stein, Holz, Eisen, Terrakotta weitaus attraktiver als solche aus Kunststoff, zumal sie nach und nach verwittern und sich dann um so harmonischer in den Garten einfügen. Für Möbel, die permanent im Freien bleiben sollen, gibt es zu Guß- oder Schmiedeeisen, Hartholz oder Stein kaum eine Alternative. Sie lassen sich mit hübschen Kissen und Tischtüchern bequemer und wohnlicher herrichten.

DIE RICHTIGE EINTEILUNG

Dekorstücke spielen beim Entwurf eines Gartens eine wichtige Rolle: Sie können als Lückenfüller und Blickfang dienen. Ein Garten sollte genauso planvoll angelegt werden wie ein Haus. Auch hier eignen sich manche Bereiche besser für einen bestimmten Zweck als andere und sollte jeder

OBEN Ein stilvolles Arrangement aus segeltuchbespannten modernen Liegestühlen mit schwarzen Chintzkissen. Auf der mit Steinplatten gepflasterten Terrasse drängen sich kugelförmige Buchsbäume und zwei Obelisken.

LINKS Ein Mittagessen im Grünen. Ein Baum spendet Schatten, Frühlingsblumen in Töpfen sorgen für Farbe. Mit klar abgegrenzten „Räumen" wird selbst der kleinste Garten interessanter.

OBEN *Genau der richtige Fleck, um Gartenpläne zu schmieden! Die wunderschöne klassische Bank entstand nach einem Entwurf aus dem 18. Jahrhundert.*

LINKS *In diesem Gartenpavillon im neogotischen Stil dürfen Pflanzen wuchern, solange sie nicht die Sicht auf das Wandbild behindern.*

Bereich seinen eigenen Charakter haben, den man mit Dekorstücken, Pflanzen und Bäumen noch betonen kann. Variation in der Bodengestaltung, etwa zwischen Kies und Rasen oder großen Steinplatten und Backsteinen, ist ein gutes Mittel, um die Teile eines Gartens voneinander abzugrenzen. Doch wenn bestimmte Kleinigkeiten fehlen, sieht ein Garten selbst dann noch unfertig aus.

URNEN, KÜBEL UND ANDERE BLICKFÄNGE
Baumreihen und Pfade lenken den Blick automatisch in eine bestimmte Richtung, aber man braucht etwas, worauf der Blick fällt, etwa zwei Urnen oder Statuen, die Anfang und Ende markieren. An Stellen, wo ein Blumenbeet unpassend wäre, können Kübel oder Urnen mit blühenden Pflanzen Farbe und Leben in den Garten bringen. Es gibt nichts

Schöneres als einen Hof im französischen oder italienischen Stil mit einer Fülle von Urnen, Kübeln, Hängekörben, die alles in ein Meer von Farben tauchen. Der Vorteil solcher Gefäße ist, daß man sie in jeder Jahreszeit neu bepflanzen kann und damit das ganze Jahr über ein buntes Paradies hat. Im Garten eines engen Stadthauses sind Kübel unerläßlich, da sie oft die einzige Möglichkeit sind, Farbe und Grün hineinzubringen. Mit Blumenkästen läßt sich ein tristes Stadtfenster freundlicher gestalten.

Eine Sonnenuhr kann sehr attraktiv sein, besonders wenn man sie am Kreuzungspunkt zweier Wege aufstellt. Alte Wasserpumpen oder Stiefelkratzer machen sich besonders gut neben der Hintertür. Antikes Gartengerät mag heute unpraktisch sein, ziert aber eine Wand, und mit Kräutern bepflanzte alte Gießkannen haben neben der Küchentür den idealen Platz.

Auch alte steinerne Wassertröge lassen sich bestens mit Kräutern oder Blumen bepflanzen. Mit ihrer langgestreckten niedrigen Form passen sie wunderbar unter ein tief hinunterreichendes Fenster.

LINKS *Solche Faßkübel sind schwer, wenn sie erst einmal mit Erde gefüllt sind; man sollte also genau überlegen, wo man sie stehen haben will.*

UNTEN *Hier wurde ein mit Kacheln verzierter Blumenkasten, der aus der Zeit um die Jahrhundertwende stammt, gekonnt mit Blumen und Grünpflanzen gefüllt.*

OBEN *Ein ungewöhnlicher Terrakottatopf mit Korbmuster und Griffen*

RECHTS *Zwei strenge steinerne Obelisken markieren
hier den Übergang von der
Treppe zur gefliesten Terrasse.*

UNTEN *Im Garten von
Schloß Sissinghurst trifft man
zwischen beschnittenen Buchs-
baumhecken auf diese hübsche
Steinurne.*

OBEN *Eine alte Sonnenuhr
an klassischer Stelle: dem
Schnittpunkt zweier Wege*

RECHTS *Eine aus dem
18. Jahrhundert stammende
Statue der römischen Nymphe
Pomona, der Beschützerin der
Gärten und Göttin der Obst-,
insbesondere der Apfelbäume.
Sie steht vor einer efeuum-
rankten Chilstone-Urne, die
von Buchsbaumpyramiden
flankiert wird.*

BRUNNEN UND TEICHE

Das Geräusch von fließendem Wasser verleiht einem Garten stets eine friedvolle Atmosphäre. Man braucht nicht viel Platz für einen Brunnen, und man kann ihn an einer Stelle anlegen, wo er für Kinder und Haustiere nicht gefährlich ist. Ein Springbrunnen läßt sich in ein erhöhtes Bassin integrieren oder an einer Gartenmauer installieren. Man kann ihn sich nach Maß anfertigen lassen oder aus dem großen Angebot fertiger Brunnen auswählen.

Ein Teich kann jede gewünschte Form haben, wird mit Kunststoffolie ausgekleidet, und die Kante kaschiert man mit einer steinernen Einfassung. Soll er fließendes Wasser oder einen Springbrunnen haben, braucht man eine Umwälzpumpe und die Stromversorgung dafür. Vielleicht möchte man ihn auch mit Unterwasserlampen beleuchten.

OBEN *Die Gärten der Villa d'Este im italienischen Tivoli wurden Ende des 16. Jahrhunderts angelegt. Dieser bezaubernde Springbrunnen ist rundum mit Moos bewachsen. Wenn man Moos auf einem Springbrunnen ansiedeln will, sollte man ihn in schattiger Lage bauen, denn in Sonnenlicht gedeihen Moose und Algen nicht.*

LINKS *Ein hübsches Bächlein mit üppig bepflanzten Ufern und mehreren Brückchen wird bei seinem Lauf durch diesen großartigen Garten zusehends strenger und formeller.*

OBEN *Echter Stein altert von selbst, weil sich in den kleinen Unebenheiten und Rissen in seiner Oberfläche Moose und Flechten ansiedeln können. Kunststein, aus dem die meisten heutigen Gartenornamente bestehen, hat eine glattere Oberfläche. Wenn man auf Alterspatina Wert legt, muß man also nachhelfen. Das Einpinseln mit lebenden Joghurtkulturen fördert die Moosbildung.*

RECHTS *Besuche in Schloß- und Herrenhausgärten sind für Gartenbesitzer sehr anregend. Einen solchen Teich mit Back- oder Bruchsteinen drumherum kann man auch in einem kleineren Garten anlegen.*

Brunnen, die man fertig kaufen kann, bestehen meist aus Kunststein oder Blei, gelegentlich auch aus Marmor. Kunststein sollte man künstlich altern lassen, indem man seine Oberfläche mit Joghurt behandelt.

Im Wasser siedeln sich unweigerlich Algen an. Einen Springbrunnen kann man mit Chlor davon freihalten, doch für einen Teich ist die natürliche Reinigungswirkung der Pflanzen vorzuziehen, eventuell unterstützt von Goldfischen.

OBEN *Wasserpflanzen gedeihen unter ganz unterschiedlichen Bedingungen. Bei manchen müssen die Wurzeln vollständig unter Wasser liegen, andere brauchen nur ein wenig Feuchtigkeit. Den Mittelpunkt dieses Arrangements bildet eine Calla.*

REGISTER

BILDNACHWEIS